La evangelización transformadora

La evangelización transformadora

La manera wesleyana de compartir la fe

HENRY H. KNIGHT III
F. DOUGLAS POWE, JR.
TRADUCIDO AL ESPAÑOL POR ÁNGEL
SANTIAGO-VENDRELL

Dedicamos este libro a las personas que amamos
y han estado con nosotros en el ministerio:

Eloise R. Knight, Sherri E. Wood-Powe
y Frederick Douglas Powe, III

y a nuestros estimados colegas, quienes fueron nuestros
mentores en la disciplina de la evangelización:

George E. Morris and Stephen Gunter

AGRADECIMIENTOS

Agradecemos a Amy Hopmann por su ayuda en la investigación y gran parte del trabajo logístico para la publicación.

También agradecemos especialmente a la clase de Evangelización Posmoderna del profesor Powe por sus preguntas y contribución al manuscrito.

La versión en el idioma español del libro *Transforming Evangelism* es el resultado de una generosa donación otorgada por The Foundation for Evangelism (https://foundationforevangelism.org/). El Dr. Ángel D. Santiago-Vendrell hizo el trabajo de traducción al idioma español. Actualmente, él es profesor asociado de Evangelización en la Escuela de Misiones Globales y Evangelización E. Stanley Jones, en el Seminario Teológico Asbury, Orlando, Florida.

ÍNDICE

INTRODUCCIÓN

Muchas personas encuentran problemática la idea de practicar la evangelización. Estas personas no están entusiasmadas en compartir su fe con extraños, ni tampoco se regocijan cuando algunas personas aparecen en sus puertas para compartir sus creencias. Ciertamente no pueden verse a sí mismas hablando a miles de personas sobre Jesús en un estadio de fútbol. No están seguras si la evangelización se debería practicar en absoluto, pero si fuese un hecho, ellas no lo harían.

Parte de la dificultad radica en cómo las personas entienden el significado de evangelizar. La visión de muchos es confrontar a individuos con un argumento a favor del evangelio y luego hacer un llamado urgente a tomar una decisión. Ya sea que tomen una decisión inmediata por Cristo o no, es lo que determina si «son salvos» o «están perdidos». De cualquier forma, la meta de ciertas personas es que una vez presentan el evangelio a una persona, ahí termina su labor de llevar el mensaje de salvación, y es hora de moverse a envangelizar a otra persona. Nosotros creemos que la evangelización tiene que ver más con entablar relaciones que confrontar a la gente; hacer comunidad que una tarea aislada, y es más un principio que un fin. La evangelización no solamente involucra compartir la fe con otras personas, pero también es dar la bienvenida a una comunidad y una invitación a crecer en la fe. Sobre todo, la evangelización se basa en el amor: el amor de Dios vertido a los humanos en Jesucristo; nuestro amor al prójimo, y la invitación de recibir y crecer como una nueva criatura, cuya vida es conducida por el amor.

En este libro queremos presentar la evangelización como un acto de amor. Es por eso que recurrimos a la experiencia de uno de los más grandes evangelistas de todos los tiempos: Juan Wesley. Examinar lo que Wesley dijo e hizo en su tiempo, puede darnos dirección y perspectivas para ser aplicadas en nuestros tiempos. Wesley practicó una evangelización que alcanza y da la bienvenida, invita y nutre, la cual habla tanto a la mente como al corazón.

Al reconectarnos con nuestra tradición wesleyana nuestras congregaciones pueden adquirir una nueva visión sobre la evangelización, permitiéndoles ser más fieles y efectivas en el ministerio al compartir las buenas nuevas de salvación. Sobre todo, cuando nos reconectamos con la tradición wesleyana, practicaremos una evangelización fundada y motivada por el amor de Dios.

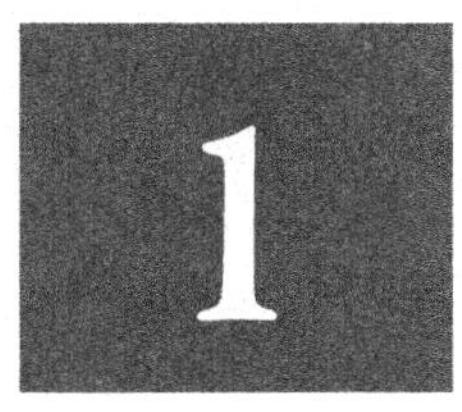# UN MENSAJE QUE VIVIMOS

Porque por gracia sois salvos por medio de la fe; y esto no de vosotros, pues es don de Dios; no por obras, para que nadie se gloríe. Porque somos hechura suya, creados en Cristo Jesús para buenas obras, las cuales Dios preparó de antemano para que anduviésemos en ellas.
—Efesios 2:8-10 (RVR1960)

Juan Wesley predicó alrededor de 40,000 sermones en su vida, mediante los cuales brindó el mensaje de las buenas nuevas a multitudes de oyentes en Gran Bretaña. Junto con los sermones de su hermano Carlos, unos cuantos ministros que le seguían, y un gran número de predicadores laicos, que Wesley empleó como asistentes, ¡queda claro que los primeros metodistas produjeron un espectacular número de sermones! Y esto no incluye los testimonios de individuos metodistas a sus familias, compañeros de trabajo y vecinos.

¿Y cuál fue el mensaje que este grupo organizado de acción evangelística trajo a las personas de Gran Bretaña? ¿Qué motivó a estos metodistas a perseverar en su proclamación aun frente a la ridiculización, persecución o violencia?

Wesley describió el motivo de compartir el mensaje:

«Vemos (¿y quién no?) las muchas locuras y miserias de nuestros semejantes. Vemos por todas partes personas sin ninguna religión o con una religiosidad puramente formal y sin vida. Naturalmente, este espectáculo nos da pena, y seguramente nos alegraría si hubiera manera de convencer a algunos de que está a su alcance una religión mejor, digna del Dios que la dio».[1]

El motivo principal de compartir el mensaje no era reclutar a nuevos miembros para la iglesia; o algo que se hiciera por obendiencia temerosa pero sumisa a un mandamiento de Dios. El motivo central de compartir el mensaje fue, en cambio, una muestra palpable de profunda gratitud a Dios y un acto de enorme compasión por los semejantes. La experiencia metodista de haber recibido un mensaje fue la que hizo la diferencia en sus propias vidas, y su deseo de compartir ese mensaje con otros, con la esperanza de que también cambiaría sus vidas.

¿Cuál era, entonces, esta «mejor religión» de la cual hablaba Wesley?

«Esta religión no es otra que el amor: el amor de Dios y de toda la humanidad. El amar con toda la mente, con todo el corazón y con todas las fuerzas al Dios que nos amó primero, Fuente de todo don recibido y de toda esperanza por disfrutar. Y amar, como a nuestra propia alma, a toda alma que Dios ha creado, todo ser humano sobre la tierra».[2]

Según Wesley, los metodistas creen que este amor «es la medicina de toda la vida, el remedio infalible para todos los males de este mundo desordenado ...».[3]

Como ya podemos ver, el mensaje no solo trata del amor pero es el centro del mismo. Lo que se proclamó fue el amor inmenso de Dios para con nosotros, y la promesa de que nuestras vidas pueden ser transformadas al punto de que podamos amar a Dios y a las personas como Dios las ha amado. Wesley dijo: «Esta es la religión que quisiéramos ver establecida en el mundo, una religión de amor, de gozo y de paz, asentada en lo más profundo del alma, pero con frutos siempre renovados».[4]

Lo que no es la salvación

Le daremos más atención a este mensaje en un momento. Pero ya es claro que cuando Wesley hablaba de una «religión verdadera» o «salvación» hay dos cosas que él no estaba proponiendo. Primero, el no entendía la religión como algo que se hacía como una serie de actividades o deberes para obtener una recompensa celestial. Es sorprendente que hoy en día hay muchas personas que piensan que el cristianismo se basa en hacer el bien para poder entrar al cielo cuando mueran. Muchas personas se consideran a sí mismas buenas —es decir, que no han cometido un crimen atroz— por lo tanto, Dios las va a aceptar. Otras personas ponen un poco más de esfuerzo al tratar de ser buenas ciudadanas o ir a la iglesia regularmente como la manera de garantizar de ir al cielo.

Wesley, por el contrario, veía la salvación como un regalo o don. Como dice Efesios 2, la salvación es «por gracia», «un don de Dios», y «no por obras». Se recibe con gratitud, no se gana con nuestros esfuerzos. Consecuentemente, el mensaje de la evangelización no es una exhortación para ser una mejor persona, sino para recibir este don con fe.

Segundo, Wesley no entendía la salvación como un regalo que nos deja sin cambios. Como en el punto anterior –la salvación por obras– hay muchas personas que entienden la salvación simplemente como el perdón de los pecados para cuando mueran puedan entrar al cielo. A este entendimiento el teólogo alemán Dietrich Bonhoeffer llamó la «gracia barata», gracia sin discipulado. En las palabras de Ron Sider: «La salvación se convierte en una experiencia que no transforma la vida que reorienta a la persona, sino un boleto de ida al cielo, y poder vivir como en el infierno hasta que toque la hora de ir al cielo».[5]

Wesley, por el contrario, concebía la evangelización como un regalo transformador. Nosotros somos, como dice Efesios: «creados en Cristo Jesús para buenas obras», destinados por Dios «a fin de que las pongamos en práctica» (NVI2015). La salvación es el regalo de una vida nueva, y este regalo no se puede almacenar, se tiene que vivir. Cualquier interpretación de la evangelización que no haga hincapié en la poderosa transformación del ser humano en nada tiene que ver con las buenas nuevas de salvación.

Estos dos errores son en un sentido opuestos: uno es la salvación por obras; el otro, la salvación aparte de las obras y sin una vida transformada. Pero ambos comparten un malentendido fundamental sobre el mensaje de salvación, uno que es fatal para el evangelio. Ambos creen que la salvación es algo que ocurre cuando las personas mueren, es decir, van al cielo en vez del infierno.

Wesley creía en ir al cielo, pero para él esto no era el corazón de la salvación. En sus Comentarios sobre Efesios 2:8 (Somos salvos por la fe), Wesley dijo que la salvación: «No se trata de una bendición que se halla del otro lado de la muerte [...] No se trata de algo a la distancia: es algo presente, una bendición de la cual, mediante la misericordia gratuita de Dios, estás en posesión ahora».[6] Es el regalo de una vida nueva; una vida que disfrutamos en el presente y que la muerte no nos la puede quitar. Es tener el cielo en el corazón.

El mensaje de salvación

El mensaje central de Wesley y los metodistas se puede resumir en cinco afirmaciones.

La salvación es ofrecida a todas las personas

Wesley, a diferencia de algunos en los principios del avivamiento en el siglo XVIII, insistía que esta nueva vida es ofrecida a todos los seres humanos. El creía que la gracia de Dios trabaja en cada corazón, permitiendo e invitando a cada persona a tornarse hacia Dios. Esto quiere decir que Dios ha estado preparando a las personas para las buenas nuevas de salvación aún antes de que las hubieran escuchado.

La salvación es guiada por el profundo sentimiento del amor universal de Dios. Sería imposible exagerar la importancia del amor de Dios en la teología y ministerio de Wesley y los himnos escritos por Carlos Wesley. La suma expresión del amor de Dios fue Jesucristo en la cruz del calvario. Carlos Wesley lo expresó así en este himno:

«¡Divino amor, pasión sin par!
¡Dios encarnado muere allí!

En una cruz le vi cargar
mis culpas todas sobre sí:
¡Murió por mí, mi Salvador
crucificado, Dios de amor!».[7]

Lo que esto significa es que cada persona –cada uno de nosotros– es de infinito valor para Dios. No hubo un precio tan elevado, ni esfuerzo tan grande para que Dios no nos alcanzara con su amor. En un mundo donde a millones de personas se le ha dicho que valen poco o nada, ¡verdaderamente estas son buenas nuevas!

Toda la gente necesita la salvación

Dios ama a todas las personas y les ofrece nueva vida, pero todas las personas necesitan esa vida nueva que solo Dios puede proveer. En un sentido más profundo, esto tiene que ver con la universalidad del pecado. Según Wesley, los seres humanos tienen un problema y una enfermedad que no pueden resolver o curar por sí mismos.

No es solamente que los humanos son culpables, aunque lo somos. En efecto, los seres humanos somos responsables por todos los pensamientos y acciones que son contrarios al amor de Dios. Pero el pecado no es solo lo que hacemos, es una condición: *somos* pecadores. Como tal, no solo necesitamos ser perdonados, pero también transformados.

¿Qué son las buenas nuevas? Tal como lidiamos con enfermedades o adicciones, conocer la verdad es el primer paso para obtener la sanidad. El juicio de Dios no significa ser algo final, sino la posibilidad de un nuevo comienzo. Es un diagnóstico más que una condenación; o, mejor dicho, es una condenación solo para quienes rechazan el diagnóstico.

PODEMOS RECIBIR PERDÓN

Dios trata con la culpa del pecado al ofrecernos el perdón, o justificación. Recibimos este regalo solo por la fe, confiando en lo que Dios ha hecho por nosotros en la cruz del calvario por medio de Jesucristo. Como resultado, somos reconciliados con Dios –entramos en una nueva relación con Dios fundamentada no por el miedo de ser condenados, sino como un acto de gratitud por el amor incomprensible de Dios. Entonces, empezamos a vivir como personas perdonadas. Somos movidos de tener una vida guiada por el remordimiento y la obediencia por obliglación, a una que es gobernada por la paz, el gozo y una profunda gratitud.

PODEMOS RECIBIR UNA VIDA NUEVA

Dios lidia con la condición del pecado al ofrecernos una nueva vida de amor, o santificación, la cual recibimos como un regalo solo por medio de la fe. Como resultado crecemos en el conocimiento y amor de Dios, siendo cada vez más semejante a la imagen de Dios.

Vivimos como personas que aman a Dios y al prójimo, así como Dios nos ha amado. Esta nueva vida afecta la totalidad de nuestro ser –nuestras relaciones, valores, estilos de vida, y compromisos. Deseamos ver el mundo como Dios lo ve, y brindar el amor y justicia de Dios en todo lo que hagamos.

PODEMOS EXPERIMENTAR UN GOZO VERDADERO

Poseemos un gozo que no lo puede dar la acumulación de riquezas, fama, o poder. El verdadero gozo no proviene de sumergirse en esos «deleites o placeres» tradicionalmente catalogados como pecaminosos. No es ni siquiera la felicidad que proveen los amigos o familia, aunque es compatible con ambos.

Esta paz y gozo en el Espíritu Santo proviene de la relación con el Dios que nos ha amado tanto. También procede de una vida transformada en la persona que Dios creó, de acuerdo con la intención de nuestro Creador. Vivimos, pues, como un pueblo que tiene un profunda alegría que solo es posible al tener una relación con el Señor Jesucristo. Como esta felicidad proviene de Dios, nada ni nadie nos las puede arrebatar, porque nada, ni siquiera la muerte, puede poner fin al amor que Dios tiene por nosotros. Como dice el apóstol Pablo en Romanos 8:38-39:

«Pues estoy convencido de que ni la muerte ni la vida, ni los ángeles ni los demonios, ni lo presente ni lo por venir, ni los poderes, ni lo alto ni lo profundo, ni cosa alguna en toda la creación podrá apartarnos del amor que Dios nos ha manifestado en Cristo Jesús nuestro Señor».

Una definición

Ahora podemos ofrecer una definición de la evangelización en la tradición wesleyana:

La evangelización es nuestro compartir con otras personas y la invitación que les extendemos a experimentar las buenas nuevas: que Dios nos ama y nos invita a una relación transformadora, por la cual recibimos el perdón, una vida nueva y la restauración a la imagen de Dios, que es amor.

La evangelización wesleyana está firmemente arraigada en lo que Dios ha hecho por nuestra salvación en la vida, muerte y resurrección de Jesucristo, y depende completamente de la presencia del poder del Espíritu Santo. Las buenas nuevas son compartidas por la proclamación y el testimonio, y son experimentadas en comunidad por la adoración, el compañerismo, la devoción personal y los actos de compasión y justicia a favor de nuestros semejantes.

La evangelización wesleyana se distingue por tener como meta una vida nueva en Jesucristo, y utiliza una variedad de medios que capacitan a las personas tanto para escuchar la voz de Dios como experimentar dicha vida nueva. Los siguientes capítulos abundarán sobre esta rica variedad de prácticas de la evangelización. Esperamos que este libro ayude a la gente cristiana y a las iglesias a compartir la promesa de una vida nueva con sus semejantes en maneras eficaces y fieles.

Preguntas

1. ¿Deberíamos estar preocupados por compartir las buenas nuevas de Jesucristo con otros? Si es así, ¿por qué?

2. ¿Por qué hay tantas personas que piensan que el cristianismo es como un sistema de obligaciones necesarias para obtener una recompensa en la vida venidera en vez de disfrutar del regalo de la vida en el presente?

3. En la breve presentación del mensaje de salvación de Wesley en este capítulo, ¿qué te sorprendió? ¿Qué hizo o no hizo

sentido para ti? ¿Crees que es desafiante o lo ves como una fuente de esperanza?

4. Si alguien te preguntara qué son las buenas nuevas, ¿qué le responderías? Si te preguntara qué es la salvación, ¿qué le responderías?

5. Si alguien te preguntara sobre cuáles son los cambios que Jesucristo ha hecho en tu vida, ¿qué le responderías?

2 UNA JORNADA QUE COMENZAMOS

Yo soy la vid verdadera, y mi Padre es el labrador. Todo pámpano que en mí no lleva fruto, lo quitará; y todo aquel que lleva fruto, lo limpiará, para que lleve más fruto. Ya vosotros estáis limpios por la palabra que os he hablado. Permaneced en mí, y yo en vosotros. Como el pámpano no puede llevar fruto por sí mismo, si no permanece en la vid, así tampoco vosotros, si no permanecéis en mí. Yo soy la vid, vosotros los pámpanos; el que permanece en mí, y yo en él, éste lleva mucho fruto; porque separados de mí nada podéis hacer.
—Juan 15:1-5 (RVR1960)

La vida nueva en Jesucristo se refleja al dar fruto: fe, esperanza, humildad, y especialmente, el amor. Es su relación con Jesucristo la que afirma y nutre a la vida nueva para que produzca este fruto. Necesitamos permanecer en Cristo para recibir el alimento que nos hará crecer en esta vida nueva.

Los primeros metodistas entendieron la necesidad de permanecer en Cristo. Ellos se sometieron a una serie de disciplinas espirituales designadas para mantenerlos receptivos a la gracia de Dios, como reunirse una vez a la semana en grupos pequeños llamados clases, para dialogar sobre las disciplinas cristianas y rendir cuentas a Dios y los unos a los otros.

En otras palabras, los primeros metodistas entendieron la vida cristiana como una jornada, con la meta de que el amor de Dios llenara sus corazones y gobernara sus vidas. La disciplina y las reuniones de clases semanales los sostenían en el camino hacia esa meta. Cuando la vida cristiana es entendida de este modo, la evangelización no puede ser el final del trayecto. Al contrario, tiene que ser un medio para ayudar a las personas a que comiencen su jornada de fe.

Muchas veces la evangelización no es vista de esta manera. A veces, se entiende como impartiendo información –el plan de salvación que lleva a una decisión. La persona que responde en forma positiva obtiene la salvación. Si la decisión se ve como la meta, o si todo esto solo se queda al nivel de la razón, entonces esta forma de evangelización no es efectiva para que la persona experimente la vida nueva prometida por Dios. Pero si la decisión conlleva un proceso de transformación y crecimiento, puede ser el comienzo de una vida que permanecerá en Cristo.

Otras veces la evangelización no es vista como un proceso que conduce a una decisión, sino que invita a tener una experiencia. Se dice que la persona que tiene esta experiencia es «salva». Sin embargo, si tener la experiencia es la meta, entonces, la persona tampoco experimentará la vida nueva prometida por Dios. Los sentimientos, como sabemos, vienen y van. No obstante, si una experiencia de conversión conduce a cambios genuinos del corazón, y continúa siendo nutrido por la gracia, entonces va a ser el principio de una vida llena de fruto.

Hablar de la vida cristiana como una jornada no cancela la conversión instantánea. Wesley raras veces usó el término «conversión», sino que prefería hablar sobre la justificación y el nuevo nacimiento, o más comprensivamente, la salvación. El describía la salvación como instantánea y gradual al mismo tiempo, junto a la justificación y al nuevo nacimiento como una transformación de Dios que fluye y conduce a crecer con el pasar del tiempo.

La insistencia de Wesley en que el perdón de los pecados se recibe y la nueva vida empieza en un evento de transformación, confirma que todo es producido por la gracia de Dios. En cuanto a la fe en Jesucristo, por la cual recibimos el regalo del perdón y vida nueva, Wesley dijo:

> «Ninguna persona puede producir la fe por sí misma. Es obra de la omnipotencia: Revivir un alma requiere no menos poder que resucitar un cuerpo que está en la tumba. Es una nueva creación, y nadie puede crear un alma sino aquél que primero creó los cielos y la tierra».[1]

Si esto es cierto –que la conversión es un regalo de Dios– tiene grandes implicaciones en relación de cómo se practica la evangelización. Eddie Fox y George Morris, en su libro *Faith—Sharing* [solo en inglés], insisten que «Dios es quien convierte». La meta de la evangelización no es convertir a nadie, sino compartir las buenas nuevas que hemos recibido con las personas. Ellos dicen que evangelizar: «no es algo que le hacemos *a* las personas, sino algo que hacemos *con* el evangelio».[2]

La conversión es obra de Dios a través del poder del Espíritu Santo. Sin embargo, está precedida y seguida por un proceso de formación, también por obra del Espíritu. Cuando las personas respondían a la predicación de los primeros metodistas o a testimonios personales, se inscribían a grupos pequeños, en donde practicaban las disciplinas espirituales. Es decir, que se les proveía un ambiente que les ayudaba a estar receptivos a la obra de Dios en sus vidas.

Lo que estas personas estaban buscando era la vida nueva que Dios les había prometido. Inicialmente buscaron obedecer a Dios por temor de su juicio y una obligación de hacer el bien, lo que Wesley llamó «la fe de siervo». A través de esto llegaron a ver con claridad su necesidad de confiar en Dios. Después de algún tiempo –para muchos, como dos años– ellos experimentaron el perdón de Dios y recibieron la vida nueva de amor. Desde entonces, empezaron a obedecer a Dios no por miedo o deber, pero por amor y gratitud. Crecían diariamente en el amor que recibieron, con la fe de un hijo/una hija de Dios, y a buscar la promesa de la perfección cristiana, donde el amor de Dios llenara plenamente sus corazones y gobernara sus vidas.

El comienzo de la jornada

Veamos cómo esas personas que respondieron a la evangelización wesleyana fueron dirigidas a una jornada de la vida cristiana, y cómo permanecieron en Cristo. Las disciplinas espirituales que los cristianos wesleyanos practicaban eran conocidas como las «Reglas de las Sociedades Unidas» que consistían en tres reglas principales.

La primera de las reglas era evitar toda forma de mal, especialmente aquellas que se practicaban más comúnmente. Los metodistas se tenían que apartar de formas de vida que, aunque consideradas normales por la cultura en general, eran contrarias a la voluntad de Dios.

La segunda regla era hacer el bien siendo misericordiosos. Esto incluía dar comida al hambriento, vestido quienes no tenían, visitar y ayudar a los enfermos o a los prisioneros, e instruir y alentar a las personas en el evangelio. Estas eran obras de misericordia, con las cuales se manifestaba la compasión al prójimo.

La tercera regla era atender a las ordenanzas de Dios que son: «el culto público a Dios; el ministerio de la Palabra, ya sea leída o expuesta; la Cena del Señor; la oración familiar y privada; el escrutinio de las Escrituras y el ayuno o abstinencia».[3] Estas eran obras de piedad, por las cuales los cristianos expresaban su amor hacia Dios.

Cualquier persona que ha tratado de empezar un programa de devoción diaria, mucho menos que empezar cambios de estilo de vida, podría decir cuán difícil es esta práctica de la disciplina cristiana. Por esta razón, los primeros metodistas no trataron de hacerlo por sí mismos. Por el contrario, los metodistas se reunían semanalmente en clases para informar sobre el bien que habían hecho en el cumplimiento de la disciplina la semana anterior, y para recibir consejos y aliento para enfrentar la semana siguiente. Estas reuniones semanales fueron un poderoso incentivo que ayudó a los metodistas a mantenerse en su disciplina de vida espiritual.

Esto era importante porque, al igual que nosotros hoy, los metodistas enfrentaron muchos obstáculos en la vida que los podían alejar de su jornada espiritual. Wesley pensaba que el ser humano en estado de disipación estaba en desunión con Dios, que no era otra que «la desvinculación de los pensamientos y el afecto de la criatura para con su Creador ...».[4] Wesley llamó «disipación» a este proceso de alejamiento; el estar habitualmente desvinculados de la presencia y voluntad de Dios.[5] Nos convertimos en «ateos», que decimos que creemos en Dios, pero que en realidad vivimos como si no hubiera Dios.

Es importante reconocer que las cosas que nos alejan de Dios no solamente son tentaciones para pecar. Estar atareados, ocupados en negocios, y preocupados por el futuro también nos pueden alejar de Dios. Hasta cosas que creemos que son buenas como la iglesia, la familia y trabajo pueden alejarnos de Dios. En esto podemos ver cuán efectiva fue la disciplina metodista, pues mantenía a los cristianos enfocados en Dios y en el prójimo, contrarrestando la disipación. Es por esto por lo que cualquier práctica de evangelización que se detiene antes de colocar a las personas en una disciplina no es wesleyana, y corre el peligro de dejar que las presiones de la vida socaven un nuevo compromiso con Dios.

De acuerdo con George G. Hunter III, el modelo wesleyano de formación espiritual es una manera efectiva de comunicar el evangelio a personas no creyentes hoy. Él describe seis etapas por las que pasan las personas que adoptan el cristianismo:

> «Primero, las personas son *concientizadas* del mensaje cristiano, no como una abstracción, pero como un movimiento, grupo de personas, iglesia, o reclamo de la verdad. Segundo, las personas perciben la *relevancia* de esa forma de cristiandad. Tercero, responden con un *interés activo*, mediante el cual (quizás) hacen preguntas, leen un libro, asisten a un seminario o visitan el culto de adoración de una iglesia. Cuarto, entran en un estado de

prueba. Quinto, conscientemente *adoptan la fe* y son bautizadas públicamente y recibidas como miembros de la iglesia».[6]

Estos son seguidos por una última etapa, el *reforzamiento*, que ocurre por los medios del ministerio de la iglesia. Las similitudes del proceso de conversión de los primeros metodistas son sorprendentes como lo explica Hunter.[7] Vamos a describir las similitudes de esta manera: las personas escucharon a los metodistas y sus ojos fueron abiertos por el mensaje de salvación. Cuando respondían con interés, eran inscritos en una clase de discipulado. A través de la práctica de las disciplinas espirituales, ellos entraban en una relación con Dios que les ofrecía el perdón de pecados y un nacimiento nuevo; eran adoptados por Dios. Las disciplinas espirituales eran su comida diaria en su relación con Dios.

Lo que esto nos demuestra es que el movimiento metodista del siglo XVIII fue tan importante para aquella época, como lo es para la nuestra. Esto muestra la importancia de la evangelización wesleyana al estar vinculada con los grupos pequeños de discipulado, las disciplinas espirituales y la formación cristiana.

En nuestro tiempo, hay un grupo llamado Pacto de Discipulado que ha estado recobrando el aspecto wesleyano de las disciplinas espirituales.[8] Una diferencia es que en vez de las tres reglas de Wesley, esta versión contemporánea permite que cada grupo desarrolle su propio pacto alrededor de cuatro áreas: actos de compasión, justicia, devoción y alabanza. Ser parte de un grupo de Pacto de Discipulado requiere la participación regular para discutir el pacto en el cual todos sus miembros son responsables unos a otros, y tiene los mismos beneficios de las clases que Wesley inició en su tiempo.

También ha habido varios intentos de repensar la evangelización para vincularla más claramente con la iniciación de la formación cristiana. Las definiciones más comunes de la evangelización no hacen esto –pues se centran en proclamar las buenas nuevas de Jesucristo o en compartir la fe con otra persona. William Abraham argumenta que estas definiciones son muy estrechas en el sentido de hacer lo necesario para que una persona sea cristiana. En cambio, William define la evangelización como las actividades intencionales gobernadas por la meta de iniciar gente en el reino de Dios. Esas actividades son seis: conversión, bautismo, la regla de vida (empezar a aprender a cómo amar a Dios y al prójimo), la regla de la fe (instrucción básica del cristianismo estructurado alrededor de un credo histórico), vida en el Espíritu (empoderamiento con dones espirituales para trabajar al servicio del reino de Dios), y las disciplinas espirituales (como la oración, el ayuno, y compartir la Cena del Señor).

Scott Jones revisa la definición de Abraham, y define la evangelización como «ese conjunto de actividades intencionales gobernadas por el amor, con la meta de iniciar personas al discipulado en respuesta al reino de Dios». Jones también añade una actividad a las seis que propuso Abraham: aprender a compartir nuestra fe con otras personas.

La fortaleza de este entendimiento de la evangelización nos lleva a preguntar sobre qué clase de prácticas de iniciación son necesarias para una persona al convertirse en cristiana. Este enfoque de la evangelización es wesleyano, ya que integra a la proclamación y el compartir la fe con la formación cristiana. Esto es, toda vez que aseguran que estemos ubicados en una relación transformadora que nos permita vivir nuestra nueva vida en Cristo. La respuesta al mensaje de las buenas nuevas nos coloca en una jornada de fe por toda la vida que nos permite permanecer en Cristo.

La evangelización y el bautismo

¿Deben las personas que han sido bautizadas ser evangelizadas? Si el bautismo es un ritual que inicia a los bautizados a la familia de Dios, en ese caso, ¿el bautismo no convierte a la persona en cristiana? ¿Y si este es el caso, no debería la evangelización estar dirigida a las personas no bautizadas? Wesley predicaba las buenas nuevas a personas que habían sido bautizadas. Fue acusado de tratar de convertir personas que ya eran cristianas. Sin embargo, Wesley no lo veía de ese modo. Wesley firmemente afirmaba el bautismo como un sacramento por el cual Dios obra, y no dudaba que las personas bautizadas como infantes eran nacidos de nuevo y hechos miembros de la familia de Dios. Sin embargo, Wesley ponía en duda que muchos cristianos adultos fueran verdaderamente cristianos. La razón era que ellos no manifestaban la nueva vida que es la señal de ser cristiano/cristiana, caracterizada por el amor a Dios y al prójimo.

Al pecador que decía: «Yo desafío tu nueva doctrina; no necesito nacer de nuevo. Nací de nuevo cuando fui bautizado. ¡Qué! ¿Quieres que niegue mi bautismo?», Wesley le respondía: «[...] ya has negado tu bautismo, y lo has hecho de la manera más eficaz. Lo has negado mil y mil veces, y todavía lo haces día a día...», por vivir una vida contraria a la voluntad de Dios y no dirigida por el amor a Dios y al prójimo.[9]

La triste verdad es que, como el hijo pródigo, nosotros podemos abandonar la casa, mudarnos a un país lejano, y adoptar una vida contraria a la vida cristiana. Esto no significa que no hemos sido bautizados –no anula las promesas de Dios a nuestra vida. Pero sí significa que nuestros corazones y vida no reflejan el amor de Dios. Nosotros tenemos que oír las buenas nuevas que podemos ser perdonados y comenzar la nueva vida que Dios nos ha dado, y así permitir se cumpla la promesa que Dios nos hizo en nuestro bautismo.

El problema que Wesley enfrentó con muchas personas que fueron bautizadas, pero no vivían una vida cristiana consagrada, podía haber sido disminuido si el bautismo hubiese sido parte del proceso de formación. Esto fue lo que la iglesia hizo en los primeros siglos de cristiandad. Las personas que estaban buscando del Señor eran puestas en el catecumenado, en donde regularmente oraban, servían, adoraban, y oían la predicación de la palabra de Dios (catecúmeno significa oyente). Cuando ellos estaban listos para aceptar el cristianismo, muchas veces después de dos o tres años, pasaban por un intenso período de ayuno y oración que les conducía a ser bautizados.

Wesley consideraba sus clases y disciplinas espirituales como un avivamiento del catecumenado. No obstante, a diferencia del catecumenado de la iglesia primitiva, la mayoría de las personas en las clases ya habían sido bautizadas y la participación en una clase significaba un compromiso de por vida. Algunos han intentado de revivir esta práctica de la iglesia primitiva de iniciación en nuestros días. Daniel Benedict describe este proceso en tres etapas para las personas adultas: evangelización, formación e instrucción y el bautismo como el sacramento de iniciación. Para los infantes, la formación e instrucción seguiría a su bautismo. Luego el infante sería conducido a una profesión de fe. En ambos casos, el enlace entre el bautismo y la nueva vida en Cristo es asegurada por la formación cristiana.[10]

Robert E. Webber define la evangelización no solamente como la entrada a la jornada de fe, pero como un proceso más amplio: desde tener la inquietud de buscar sobre la fe a tener una experiencia de conversión, para luego recibir el bautismo e incorporarse plenamente a la vida de la iglesia. Robert añade un elemento al final, en el cual la persona recién bautizada descubre sus dones espirituales, y se compromete al ministerio.[11] Estos intentos contemporáneos para recobrar la práctica de iniciación de la iglesia primitiva pueden contribuir a la práctica de la evangelización wesleyana, siempre y cuando no se detengan en el bautismo, sino que conduzcan a las personas a un proceso de formación cristiana de por vida.

Cualquiera que sea la definición exacta, la evangelización en la tradición wesleyana nunca puede separarse de la formación cristiana. Para personas en búsqueda, la formación cristiana precede a la conversión (y al bautismo), y luego continúa el proceso de por vida. La evangelización wesleyana nos permite emprender una travesía de fe, esperanza y amor. La evangelización tiene como meta la entrada de las personas a una nueva vida, y una vez como creyentes permanecen en Cristo, y por lo tanto, tener vidas que lleven mucho fruto.

Preguntas

1. ¿Cuál ha sido tu entendimiento de la evangelización? ¿Cómo se puede comparar con el entendimiento de Wesley?

2. ¿Qué en nuestro mundo de hoy podría conducirnos a la perversión y resultar en que ya no permanezcamos en Cristo? ¿Qué podemos hacer para disminuir el peligro de la disipación?

3. Si alguien responde a los esfuerzos de evangelización y visita tu iglesia, ¿qué oportunidades hay disponibles para la formación cristiana? ¿Puedes pensar en maneras para mejorar esta área? ¿Cuáles serían esas maneras?

4. ¿Como crees tú que la evangelización y el bautismo están relacionados? ¿Crees que recuperar algo como el catecumenado de la iglesia primitiva fortalecería el impacto del bautismo en la vida de una persona cristiana? ¿Por qué?

3

LA NUEVA COMUNIDAD

Y sobrevino temor a toda persona; y muchas maravillas y señales
eran hechas por los apóstoles. Todos los que habían creído
estaban juntos, y tenían en común todas las cosas; y vendían sus
propiedades y sus bienes, y lo repartían a todos según la necesidad
de cada uno. Y perseverando unánimes cada día en el templo, y
partiendo el pan en las casas, comían juntos con alegría y sencillez
de corazón, alabando a Dios, y teniendo favor con todo el pueblo.
Y el Señor añadía cada día a la iglesia los que habían de ser salvos.
—Hechos 2:43-47 (RVR1960)

Wesley no solamente enfatizaba la necesidad de una transformación personal cuando alguien se convertía al cristianismo, sino que también resaltó la importancia del ministerio que la comunidad cristiana juega en esa transformación. La comunidad cristiana está llamada a vivir prácticamente el amor, la misericordia y la justicia de Dios. Para Wesley, esto significaba que la comunidad tiene que ser acogedora y a la misma vez sustentadora del creyente en la jornada de la vida. El desafío que enfrentan muchas comunidades cristianas hoy en día es mantener el equilibrio entre invitar a otros a la nueva comunidad y, a la vez, sustentar a los miembros actuales en su jornada de fe.

Dos historias ilustran el reto que muchas iglesias enfrentan hoy. En la primera historia, un predicador fue nombrado a una nueva congregación, y decidió visitar a sus miembros incógnitamente para conocer más sobre la congregación. El predicador decidió vestirse con pantalones de mezclilla [*jeans*] viejos y rotos y tenis. Entró en la congregación y notó muchos miembros que lo observaban extrañamente. Un hombre se le acercó y le dijo que la iglesia que ofrecía comidas gratis los domingos estaba calle abajo. Nadie se quiso sentar a su lado y no le ofrecieron el boletín con el programa del culto. No hace falta decir que el predicador se sintió muy decepcionado con el compotamiento de la congregación. Pasadas unas semanas, cuando el predicador se presentó con su ropa fina y zapatos lustrados, la congregación lo trató como a un rey. La congregación se sorprendió en gran manera al reconocer que aquella persona que los había visitado unas semanas atrás era el nuevo predicador. Definitivamente, esta congregación necesitaba redescubrir el significado de ser una comunidad de fe acogedora.

La segunda historia es de una familia que por mucho tiempo había asistido fielmente los domingos a la iglesia, y a los ojos de la comunidad era una familia ejemplar. Una tragedia ocurrió cuando una de las niñas sufrió un accidente y murió. La congregación estaba atónita por lo ocurrido, y ofrecieron sus condolencias, pero de una forma muy superficial. Muchos miembros de la congregación realmente no conocían a la familia, pues los veían solo los domingos; otras personas concluyeron que como la familia siempre asistía a la iglesia los domingos, contaban con la fe suficiente que los ayudaría a sobrellevar sus penas. Cuando la familia dejó de asistir a la iglesia, después de un mes, una o dos personas la llamaron, pero aún ellos dejaron de llamar después de algunas semanas. No tomó mucho tiempo para que esta familia fuera olvidada por los miembros de la congregación. Esta congregación tiene que redescubrir el significado de sustentar a sus miembros en la jornada de la vida. Un paradigma wesleyano de la evangelización comunitaria ofrece esperanza para las congregaciones que necesitan aprender cómo acoger a las visitas y sustentar a sus miembros.

La santidad social

Wesley una vez dijo: «El evangelio de Cristo no conoce otra clase de religión sino una religión social; no otra santidad sino social».[1] Para algunas personas hoy día la frase santidad social, a primera vista, puede parecer que Wesley abogaba por una agenda política. Wesley no abogaba por una agenda política como lo pensaríamos hoy día, sino que argumentaba que la transformación abarcaba más allá de una sola vida. Wesley creía que las comunidades y, hasta la sociedad, podían ser transformadas a la imagen de Cristo y, todas las cosas podían ser creadas nuevas. De esta manera, el papel de la comunidad cristiana es ayudar a las personas a ser como Cristo.

Para Wesley, la comunidad cristiana debería urgir e invitar a otras personas para que pudieran comenzar a desarrollar una relación con Jesús, y luego sostenerlas en esa jornada. Las comunidades cristianas tienen que alcanzar activamente a las personas que no forman parte de ellas, y ayudarlas a ser partícipes de la vida de la iglesia. El hecho de alcanzar a otros es una invitación a empezar un proceso de ser una nueva criatura en Jesucristo. Ser perfeccionado es estar tan lleno del amor de Cristo; que nuestras relaciones con los demás son transformadas radicalmente para lo mejor. En cierto sentido, la santidad social significa ser una comunidad cristiana radicalmente transformada por el amor de Cristo, la cual invita a otros con sus «palabras, hechos y gestos».[2]

Al mismo tiempo, la comunidad cristiana es responsable de sustentar a los creyentes en sus vidas cristianas. La comunidad cristiana tiene la responsabilidad de mantener viva la relación con Jesús para que los creyentes puedan seguir creciendo en gracia. Uno de los peligros que cualquier comunidad cristiana puede enfrentar es volverse como la iglesia de Laodicea, «... ni fría ni caliente...» (Apocalipsis 3:16). El reto que la comunidad cristiana enfrenta es como mantener el fuego encendido para que el amor de Cristo continúe siendo vivido en una manera transformacional. Una comunidad evangelizadora en la tradición wesleyana siempre busca maneras de ser más cristiana, o encontrar formas de fortalecer su relación con Dios y el prójimo. Para Wesley la santidad social es un proceso continuo que ayuda a la comunidad a profundizar su relación con Dios y el prójimo.

De hecho, no hay santidad sin santidad social. Aunque aceptamos a Jesús en nuestra vida personal, vivimos públicamente; lo que significa estar en una relación con Jesús en comunidad con otros cristianos. La comunidad cristiana tiene una responsabilidad dual −invitar a las personas a tener una relación personal con Jesús, y ayudarles a nutrir la relación hasta que sean formadas a la imagen de Cristo. ¿Cómo puede una comunidad convertirse en envangelizadora al hacer ambas cosas −invitar a quienes aún no son cristianos y nutrir a los creyentes?

Un paradigma wesleyano para la comunidad

En Hechos de los Apóstoles 2:43-47, echamos un vistazo a una comunidad en particular. Aunque no era la única comunidad cristiana registrada en el Nuevo Testamento, sí nos ofrece un ejemplo por el cual podemos hacer una comparación con una comunidad cristiana wesleyana. Destacaremos cinco puntos de este pasaje bíblico, los cuales dan forma al paradigma wesleyano.

Los creyentes estaban juntos (Hechos 2:44)

El texto explica que los creyentes estaban juntos. Esta realidad es importante, pues es la única manera en que podemos ir más allá de tener una relación superficial el uno con el otro. El enfoque evangelístico de Wesley estaba centrado en las relaciones. Su expectación de los creyentes, que se llamaban metodistas, era que se reunieran a menudo para animarse, fortalecerse y desafiarse a seguir siendo fieles los unos a los otros. En el capítulo anterior hablamos de la importancia de las clases semanales para ayudar a los creyentes a continuar y crecer en su jornada cristiana. Una de las razones por la cual Wesley comenzó los encuentros semanales fue que sintió «a la mayoría de los feligreses meramente como sogas hechas de arena»,[3] porque no había conexión cristiana entre ellos. Las clases semanales eran instrumentales para desarrollar una conexión cristiana entre los metodistas.

Una pregunta para nosotros en el día de hoy es: ¿Somos (la mayoría de los feligreses) meramente como sogas hechas de arena sin una conexión cristiana? Nos congregamos los domingos o cualquier otro día de la semana para adorar y participar en una conversación cortés los unos con los otros. Sin embargo, una comunidad evangelizadora necesita algo más que solamente congregarse para adorar un día de la semana. Debería ser una comunidad de creyentes comprometidos a crecer juntos en el amor de Cristo. Es una comunidad donde sus miembros han desarrollado relaciones los unos con los otras, que van más allá de tener un diálogo superficial. Lo que Wesley intentó fue desarrollar una comunidad cristiana que viviera la esperanza de fortalecerse, desafiarse y animarse unos a otros en la jornada cristiana.

Repartían sus bienes entre los necesitados (Hechos 2:45)

El texto de Hechos 2:45, sugiere que los creyentes no se reunían solo para apoyarse entre sí, sino que también se preocupaban por los demás. Una comunidad evangelizadora debe sostener a los cristianos en su jornada espiritual. Sin embargo, esta comunidad también tiene que alcanzar a quienes no pertenecen a ella. Cada miembro metodista aportaba un centavo a la semana y el total colectado se distribuía entre los necesitados.[4] De hecho, se animaba a los miembros de las clases a que pidieran a su vecino un centavo para ayudar con los miembros que no podían dar.[5] Al acercarse a los que no estaban en las clases, Wesley les invitaba a una comunidad acogedora, donde las prácticas evangelizadoras fueron parte de su naturaleza; no como una responsabilidad adicional.

Wesley nos reta hoy a crear una comunidad que alcance al necesitado. Incrementar el tamaño de la congregación numéricamente no tiene nada que ver con alcanzar a otros para Cristo. Muchas de las clases no eran grandes numéricamente y muchas estaban constituidas por la gente pobre. Los metodistas buscaban acercarse a otros con amor. Una comunidad evangelizadora evita la trampa de enfocarse en sus propias necesidades, y recuerda que tiene la responsabilidad de demostrar el amor de Cristo a otras personas. Una comunidad cristiana que deja de preocuparse por otros eventualmente dejará de existir.

Partían juntos el pan (Hechos 2:46)

Este texto discute el hecho de que los creyentes partían juntos el pan en sus hogares y comían con un corazón agradecido. Esta parte del texto está vinculada con el primer punto que discutimos sobre la comunión de los creyentes. La diferencia en este versículo es que los creyentes estaban compartiendo el pan los unos con los otros en un hogar. El énfasis es que los creyentes estaban profundizando sus relaciones los unos con los otros. Aunque no es una correlación directa, la idea de celebrar una Fiesta de amor servía a un propósito similar para Wesley. Wesley pensaba que al participar en una Fiesta de amor continuaba la forma antigua de compartir juntos en la iglesia primitiva.[6] Era una manera en que los participantes profundizaban su amistad cristiana y su amor a Dios.

La pregunta para nosotros hoy es: «¿Estamos realmente dispuestos a compartir el pan con otras personas?». El hecho de compartir alimentos juntos señala un tipo de relación que muchos cristianos están buscando en la iglesia. Una comunidad evangelística debe buscar maneras de derrumbar las barreras que separan a los creyentes de tener una comunión al compartir la mesa juntos. Cuando las barreras son derrumbadas y la comunidad cristiana puede comer con regocijo en sus corazones atraerá a otros que necesitan tal comunión en sus vidas. Aunque el partimiento del pan pueda parecer un acto insignificante, las implicaciones son significativas para una comunidad que busca profundizar su relación con Dios, entre sí y con los demás.

Alababan a Dios (Hechos 2:47)

El texto bíblico dice que los cristianos juntos alababan a Dios. ¿Por qué es importante que el texto enuncia que los discípulos estaban juntos alabando a Dios? Primero, Wesley nos recuerda que no podemos realizar nada por nosotros mismos en ninguna manera –pues es solo por la gracia de Dios que la comunidad cristiana florece en el mundo. Solo Dios merece la alabanza. Segundo, Wesley se dio cuenta sobre la importancia de la alabanza como testimonio a las personas que no conocían al Señor Jesucristo. Wesley investigó sobre el servicio de alabanza en la ciudad de Kingswood. Eventualmente, el recomendó que Kingswood fuera el modelo para las reuniones similares en otras ciudades, al extenderles la oportunidad de que la palabra de Dios alcanzara a los corazones de los no creyentes.[7] Por lo tanto, alabar a Dios recuerda la importancia de la gracia de Dios, y abre a la comunidad a aquellos que necesitan la gracia de Dios. Una comunidad adoradora tiene la función central de ayudar a las personas, que no pertenecen a la fe cristiana, a descubrir el amor de Dios; y a los creyentes le brinda la seguridad de que Dios los ama.

Muchas iglesias enfatizan el rol de la alabanza en nuestros días. Sin embargo, Wesley nos recuerda *por qué* alabamos a Dios. Una comunidad evangelizadora es aquella que reconoce su dependencia en la gracia de Dios y no en sus propias fuerzas. El hecho de que una iglesia tenga músicos y cantantes talentosos, para crear una atmósfera de adoración, no significa que esté alabando a Dios mejor que otras. Si Dios no es reconocido como el Dador de los dones, entonces el servicio de alabanza ha perdido su impacto. Debemos tener cuidado de no creer que los que hacemos es por nuestra propia habilidad, y sí reconocer que es el Espíritu Santo quien siempre nos guía. Las personas que pertenecen a la comunidad cristiana y los no cristianos deben experimentar genuinamente la gracia de Dios; no algo inventado por el esfuerzo humano.

Crecía el número de personas en la comunidad (Hechos 2:47b)

El texto bíblico dice: «Y el Señor añadía cada día a la iglesia los que habían de ser salvos».

La comunidad de la iglesia primitiva invitaba y buscaba satisfacer las necesidades de los demás y, por ello, Dios le añadía nuevos creyentes día tras día. Una de las áreas fuertes del avivamiento wesleyano fue que ministraba a las personas marginadas por la Iglesia Anglicana. Wesley predicaba en los campos, aunque al principio tenía cierta reserva de seguir esta práctica. Sin embargo, perseveró en ella, y predicó el evangelio a personas que no lo habían escuchado. Eventualmente, Wesley creyó que era más importante para el evangelio alcanzar a las personas en necesidad que no asistían a la iglesia, que predicar el evangelio en un edificio de la iglesia. Wesley, sin embargo, no solo predicaba y acompañaba a la gente en donde estuviera, sino que desarrolló una relación con ellas al invitarlas a las reuniones semanales de clases. Una comunidad evangelizadora es relacional, e invita a las personas a escuchar y experimentar el evangelio.

¿Somos una iglesia abierta para todas las personas? ¿Ayudamos a las personas recién convertidas a crecer en su fe? La verdad es que muchas iglesias están atrapadas en mantener su enfoque en sus miembros, y han dejado de invitar a otras personas a experimentar el amor de Cristo. Otras iglesias tienen sus puertas abiertas, pero están tan enfocadas en el crecimiento numérico que han perdido el sentido de nutrir a sus miembros en la fe. Una iglesia evangelizadora tiene que ser ambas: tener siempre sus puertas abiertas y ayudar a los nuevos creyentes a crecer en su fe. Nosotros hemos heredado de Wesley un modelo relacional, que nos motiva a ser una iglesia que invita a todas las personas y ayuda a los creyentes a vivir su fe.

En general, una comunidad evangelizadora en la tradición wesleyana tiene mucho en común con la iglesia primitiva registrada en Hechos. Wesley incorporó la práctica de la iglesia antigua de invitar a extraños y, al mismo tiempo, ayudar a los creyentes en la fe con su método de evangelización. Wesley nos da pistas sobre cómo formar nuestras comunidades eclesiales hoy para ser más evangelísticas. Para Wesley la comunidad de la iglesia se basa en las relaciones: ayudar a los de afuera y a los de adentro a amar mejor a Dios y al prójimo.

La comunidad hospitalaria

En el capítulo anterior hablamos sobre la importancia de las clases semanales del movimiento metodista. Las clases ayudaron a Wesley a levantar una estructura donde las personas podían mantener la esencia de una relación con Jesús, pero la evidencia de esta relación era publica y social.[8] La expectativa era que los cristianos que asistían a las clases hicieran obras de piedad y obras de misericordia. Las obras de piedad funcionan como una manera de fortalecer la relación personal del creyente con Jesucristo por medio de la lectura de la Biblia, la oración y el ayuno. Las obras de misericordia son una forma de participar en el testimonio público al mostrar compasión y actuar con justicia hacia nuestro prójimo. Una comunidad cristiana es la que demuestra compasión y hace justicia con su prójimo, pero siempre recordando el mensaje de salvación centrado en la vida, muerte y resurrección de nuestro Señor Jesucristo.

En el primer capítulo presentamos el entendimiento de Wesley sobre la salvación como una bendición; que se puede disfrutar en la vida presente. Wesley afirmaba que la salvación también se trataba sobre una nueva vida en el cielo. Sin embargo, él nunca limitó la salvación a una esperanza futura; eso sería limitar la gracia de Dios en la vida terrenal. Si el enfoque de la salvación no es estrictamente futurístico, entonces, para Wesley, lo que hacemos es en términos de la totalidad de las necesidades del ser humano. Una comunidad que le predica al alma, pero se olvida de las necesidades materiales del ser humano hace las cosas a medias. Una comunidad acogedora no aborda los problemas sociales mientras ignora su responsabilidad de presentar el evangelio a la gente. Porque Wesley decía que la salvación es una bendición en el presente; por eso rompía las dicotomías simplistas que muchas congregaciones practican hoy día. Por ejemplo, una congregación que decide acercarse a los padres solteros/ madres solteras, quienes tratan de ganarse la vida cada mes, simplemente abordando sus necesidades espirituales no ha considerado a la persona en su totalidad. La congregación posiblemente puede pasar por alto la posible necesidad de guardería, comidas y transportación, solo por mencionar algunas preocupaciones. Por otro lado, una congregación que diseña programas de alcance para al necesitado, y solo se enfoca en sus problemas sociales, sin anunciarles el evangelio, también es una distorsión. La necesidad de ocuparse del aspecto espiritual de una persona es crítica. No obstante, Wesley entendió la importancia de ministrarle a la totalidad de la persona: tanto al nivel espiritual como físico. Si la esperanza es ver a personas transformadas a la imagen de Dios, entonces la comunidad evangelizadora tiene que evitar las falsas divisiones entre la proclamación del evangelio y las obras de justicia.

Al principio de este capítulo hablamos sobre la santidad social y la renovación a la imagen de Dios, que significa ser lleno del amor de Cristo. Para Wesley, ser renovado a la imagen de Dios puede convertirse en un testimonio para la sociedad.[9] El testimonio, en esta instancia, se vive en la manera que la congregación refleja el amor de Jesucristo por la humanidad.[10] Una comunidad evangelizadora no puede ser atrayente si no da un testimonio vivo del amor de Jesús por el prójimo. Una cosa es proclamar el amor de Jesús, pero otra cosa es vivirlo.

Para Wesley, una comunidad hospitalaria está comprometida con sus expresiones concretas de fe cuando alcanza a otros. Wesley alcanzó a través de su ministerio a la gente pobre, a los no educados y a los prisioneros en las cárceles. Alcanzar a los marginados, para Wesley, no significaba enviar dinero y pensar que ya se había hecho todo lo que se debía. Wesley insistía sobre el contacto físico real con quienes estaban en necesidad. Al hablar de visitar a los enfermos, Wesley decía:

> «Por enfermos no me refiero solo a los que están desamparados en cama, o que están enfermos en un sentido estricto. Más bien, incluiría a todos los que están en un estado de aflicción, ya sea mental o corporal; sean buenos o malos, si temen a Dios o no. Pero, ¿es necesario visitarlos en persona? ¿No podemos aliviar su condición a distancia? La palabra que traducimos como *visita*, en su aceptación literal, significa acudir. Y esto, como bien sabemos, no se puede hacer a menos que estés presente con ellos».[11]

La lección para una comunidad hospitalaria es hacer contacto con quienes alcanzamos para que sean parte de ella. Ciertamente, en algunas situaciones el contacto físico no es posible. Sin embargo, una comunidad acogedora en la tradición wesleyana no puede conformarse con tener solo un contacto distante con quienes están fuera de la comunidad, porque estar en relación con otros significa estar presente con ellos.

Para Wesley, una comunidad acogedora busca transformarse a través del amor. Reflejar el amor de Dios, su misericordia y su justicia a otros es lo que deberían practicar todas las comunidades cristianas. Nuestro reclamo de amar a Dios debe traducirse en alguna forma práctica de amor hacia los demás, para que se convierta en un testimonio público. Wesley fue exitoso en alcanzar a otros e invitarlos a la congregación, porque les predicaba la esperanza del amor de Dios y su perdón. Esto no es una excusa para cambiar; de hecho, debería obligarnos a querer cambiar debido al amor de Dios. Una comunidad evangelizadora entiende que el poder del amor de Dios transforma a las personas y son renovadas a la imagen de Dios.

Empezamos esta sección hablando de las clases y el papel importante que jugaron en establecer un testimonio público. Las clases eran instrumentales para formar el tipo de comunidad cristiana que Wesley sintió haría una diferencia en la vida de los no creyentes. Para las personas que no eran cristianas era un lugar al que podían ir para aprender más sobre el amor de Cristo y el perdón de Dios. Sin embargo, las clases no solo invitaban a otros a participar en la comunidad cristiana, sino que también sostenían a los creyentes en su jornada de discipulado.

Una comunidad sostenedora

Para los creyentes, la congregación era un lugar en el cual ellos se podían ayudar los unos a los otros en términos de comprometerse a vivir el evangelio con hechos y no estrictamente con palabras. Wesley remarcó:

> «Pero por más que nos esforzamos en velar unos por otros, pronto nos encontramos con algunos que no vivían el evangelio. No creo que hubiera habido algunos hipócritas infiltrados, porque por cierto no había nada que pudiera tentarles. Pero varios se enfriaron y volvieron a caer en el pecado que antes les había dominado fácilmente».[12]

Las clases eran un espacio donde los metodistas podían aprender a vivir su fe al rendirse cuentas los unos a los otros. La esperanza era que las personas se mantuvieran en la fe al pedirles que rindieran cuentas de cómo les iba cada semana. Probablemente, pensaríamos que la idea de Wesley de rendir cuentas a otras personas sobre cómo nos comportamos durante la semana atenta contra nuestra privacidad. Sin embargo, podemos aprender de Wesley sobre la importancia de compartir nuestras cargas y orar los unos por los otros.

Con el propósito de ayudar a fomentar la comunidad, Wesley animaba a los participantes a hablar sinceramente acerca del estado de sus almas.[13] Crear comunidad conlleva tomar riesgos al nivel de la confianza que se tenga en quienes forman parte de ella. Si queremos que las personas permanezcan en la comunidad con nosotros, tenemos que aprender a escuchar sus preocupaciones y, además, compartir nuestras cargas con ellos. Una iglesia no puede erigir esta clase de comunidad si solamente las personas se ven en el servicio dominical. Una de las fortalezas de las reuniones de clase de Wesley fue que ayudó a los creyentes a mantenerse fuertes en la fe, porque sabían que otras personas estaban acompañándoles en su jornada de fe. Si vamos a nutrir a los creyentes hoy, entonces tenemos que buscar maneras de recuperar la práctica de sostenernos mutuamente. Invitar a una persona a la comunidad y luego dejarla sola con sus problemas no es lo que significa ser una comunidad evangelizadora.

¿Cuál es la esperanza que tiene una comunidad evangelizadora de quienes ingresan a sus filas? La esperanza de Wesley era que sus afectos y temperamentos pudieran ser transformados por Dios, para que pudieran convertirse en nuevas criaturas en Cristo. No vamos a usar los términos afectos y temperamento en esta ocasión, en vez de ellos, usaremos los términos carácter y disposiciones. La transformación de nuestras disposiciones y carácter no ocurre en un día; sino que es un proceso que dura toda la vida. La verdad para muchos de nosotros es que Dios irá transformando nuestras disposiciones y carácter en nuestras vidas, según buscamos ser renovados a la imagen de Dios.

Solo Dios transforma nuestras disposiciones y carácter, lo cual hace posible que podamos redefinir nuestra relación con Dios y nuestro prójimo. Wesley usaba la metáfora o comparación con una enfermedad para describir cómo nuestras disposiciones no están propiamente alineadas con la voluntad de Dios. Es solo cuando somos restaurados a la imagen de Dios que podemos empezar a sanar y experimentar una transformación verdadera. Una comunidad sostenedora es un lugar en donde las personas hallan a otras dispuestas a ayudarlas a permanecer abiertas a la transformación sanadora de Dios en sus vidas. La comunidad es responsable de ayudar a sus miembros a permanecer fieles al proceso de ser renovados en la imagen de Dios.

Por ejemplo, no importa cuán grande o pequeña sea la congregación, para establecer un programa de grupos de oración como una manera de ayudar a los cristianos a estar conectados los unos a las otras. La idea es la misma de la estructura de las clases de Wesley, donde los miembros se sostenían espiritualmente los unos a los otros con la oración. También es una manera de mantener conectados a los miembros de la congregación. El propósito no es forzar a nadie a compartir sus preocupaciones, sino a establecer relaciones con otros que serán significativas en su jornada cristiana. Uno de los retos hoy es que vivimos en una sociedad donde muchas personas quieren ser anónimas y, esto es verdad aun en la iglesia.

Sin embargo, Wesley se oponía a esta noción de anonimidad, y llamaba a desarrollar un sentido de comunidad más profundo, uno fuera del área de comodidad del que muchos de nosotros hoy nos sentimos incómodos tener.

La conclusión es que una comunidad sostenedora ayuda, tanto a los nuevos creyentes como quienes llevan más tiempo en el evangelio, a experimentar alguna forma de cambio en su interior. El proceso de esta transformación es importante, porque ayuda a la comunidad a establecer un patrón de prácticas que le permite ser más acogedora. El cambio interior debe manifestarse en alguna forma de acción concreta como: hacer justicia y misericordia, y practicar la verdad. La comunidad que continúa experimentando una transformación interna, que se manifiesta en obras concretas, es capaz de reflejar el amor, la misericordia y la justicia de Dios hacia otros en el mundo. Es una comunidad que testifica lo que Wesley llamó santidad social. Él hizo la conexión sencillamente cuando dijo:

> «Por salvación quiero decir, no sólo librarse del infierno e ir al cielo, como vulgarmente se entiende, sino la liberación presente del pecado, una restauración del alma a su estado primitivo de salud, su pureza original. La salvación es una recuperación de nuestra naturaleza divina; la renovación de nuestra alma a la imagen de Dios, en integridad y verdadera santidad, en justicia, misericordia y verdad. Esto implica recuperar las disposiciones celestiales y santas, y en consecuencia la santidad en nuestra manera de vivir».[14]

En contraste a nuestros días «la santidad en nuestra manera de vivir», significaba todas las formas de conducta humana.[15] El punto es que una comunidad sustentadora desarrolla una rutina de prácticas al ser renovada a la imagen de Dios, que le permiten reflejar estas prácticas públicamente. Una comunidad evangelizadora en la tradición wesleyana entiende la importancia de la transformación del ser interior como un proceso de convertirse en una comunidad sostenedora. Wesley quería que los metodistas entendieran la salvación como una jornada de por vida, que involucra tanto transformación interna como externa. Wesley tuvo éxito como evangelista, porque formó comunidades donde las personas desarrollaban rutinas de prácticas espirituales que hacían que fueran posible la transformación tanto interna como externa.

La Fiesta de amor

Ya hemos hablado de la importancia de compartir la Cena del Señor en la iglesia antigua y cómo Wesley usó la Fiesta de amor [o Fiesta Ágape] en forma parecida. La fiesta de amor estaba designada para permitir a los creyentes dar su testimonio personal, y compartir el pan como lo hacían los cristianos de la iglesia primitiva. El pan era simbólico, porque se entendía que proporcionaba alimento a la comunidad mientras compartían juntos en su jornada cristiana. El siguiente himno fue usado en las reuniones de clase al celebrar la Fiesta de amor. El mismo nos ilustra los puntos de la nutrición y el compartir cristiano en una comunidad cristiana:

> Unámonos (es nuestro Dios quien lo manda),
> Unamos nuestros corazones y nuestras manos;
> A ganar la esperanza de nuestro llamamiento ayudémonos,
> los unos a los otros edifiquémonos.

Dios su bendición derramará,
Dios su ordenanza coronará,
reunámonos en sus caminos señalados,
que nos nutre con gracia social.

Entonces, amémonos como hermanos,
Sus dones fielmente perfeccionemos,
la lucha más ferviente llevemos,
hacia la santidad de la vida caminemos.

Las cosas pasadas olvidemos,
a Cristo con el corazón y la mente
incansablemente sigamos hacia la meta, y
la corona de la justicia tomemos.[16]

La Fiesta de amor era una manera mediante la cual la comunidad celebraba su jornada hacia «la santidad».[17] Era una manera en que los miembros de la comunidad se daban aliento los unos a los otros cuando compartían sus testimonios de las bendiciones de Dios en sus vidas como creyentes. El culto para la Fiesta de amor se encuentra en el *The United Methodist Book of Worship* [disponible solo en inglés, sin embargo, la información y la liturgia de esta celebración está disponible en español a través de Recursos Metodistas Unidos, Comunicaciones Metodistas Unidas, disponible en https://www.resourceumc.org/es/content/fiesta-agape]. Aunque muchas iglesias no celebran este culto, algunas podrían beneficiarse al celebrar este culto como una parte integral de la vida de la iglesia. El servicio representa lo que significa luchar juntos como comunidad con la confianza de que la gracia de Dios está activa en esa lucha. Esta celebración representa un delicado equilibrio que la comunidad evangelizadora intenta mantener entre la invitación (por testimonios) y el sustento (apoyo continuo) en la fe. Es una oportunidad para partir el pan juntos y festejar para que todos prueben y vean que el Señor es bueno.

La comunidad hoy

El tema de este capítulo se relaciona en cómo mantener el equilibrio entre invitar a otros a la comunidad, y sostenerlos en la comunidad. Hemos enfatizados cómo lo hizo una comunidad de la iglesia primitiva (Hechos). Además, discutimos las semejanzas que existen entre la comunidad relatada en Hechos, y algunas de las prácticas espirituales practicadas por Wesley [realizadas en las reuniones de clase]. Según pensamos sobre cómo realizar la evangelización hoy como comunidades de la iglesia, es importante que mantengamos el equilibrio entre invitar a las personas a nuestras comunidades, y sostenerlas en la fe.

Una comunidad que mantiene el equilibrio hoy es el Cuerpo de Bomberos. Aunque es una entidad secular, las iglesias pueden aprender de cómo los bomberos forman y mantienen su comunidad. ¿Por qué debemos aprender de los bomberos? Porque los bomberos conviven, parten el pan juntos, y aprenden a confiar el uno en el otro o en la otra al combatir incendios —ellos crean un vínculo que es muy difícil de lograr en la iglesia. Verdaderamente, se convierten en una familia.

Los bomberos son capaces de sostenerse mutuamente en comunidad al compartir sus historias de vidas los unos con las otras. Cuando alguien se une a la comunidad, aprenderá algunas de las historias que han sostenido a la comunidad, y añadirá nuevas historias a medida que se convierte en una parte integral del equipo. Ciertamente, los bomberos tienen problemas en su comunidad como cualquier otra comunidad. Sin embargo, este ejemplo ilustra cómo son capaces de crear un sentido más profundo de comunidad de lo que solemos hacer en la iglesia.

Wesley nos empuja hoy hacia la creación de un modelo de comunidad que experimenta transformación, y toma en serio su relación con Dios y el prójimo. Wesley nos desafía a experimentar una transformación en nuestro interior que se manifiesta en nuestro exterior a través de acciones. Una comunidad evangelizadora está compuesta por un grupo de personas que entienden que la jornada cristiana no termina cuando se incorporan a la comunidad; eso es solo el comienzo.

A través de las palabras del himno «Jesús, unidos por tu gracia», escrito por Carlos Wesley, podemos meditar sobre lo que significa ser una comunidad cristiana:

«Jesús, unidos por tu gracia, y encariñados unos con otros, con confianza tu rostro buscamos, y sabemos que nuestra plegaria es escuchada.

Ayúdanos a ayudarnos mutuamente, Señor, a que cada uno lleve la cruz del otro. Que todos puedan experimentar tu amistosa asistencia, y sentir el cuidado mutuo.

Que en todas las cosas podamos crecer hacia ti que eres nuestra Cabeza viviente, hasta que nos hayas hecho verdaderamente libres, y sin mancha en este mundo.

Tocados por el imán de tu amor, que todos nuestros corazones puedan concordar y siempre nos aproximemos unos a otros, y siempre todos nos aproximemos a ti.

A ti, inseparablemente unidos, todos nuestros espíritus se adhieran; y que todos podamos recibir la mente llena de amor que había en ti.

Este es el lazo de perfección, la inmaculada caridad; oh, que podamos poseer, es nuestra oración, la mente que hubo en ti»[18].

Preguntas

1. ¿Se considera tu iglesia una comunidad evangelizadora? Explica por qué.

2. ¿Qué atributos de una comunidad evangelizadora son actualmente parte de su iglesia?

3. ¿Cómo puede tu iglesia crear un mejor equilibrio entre ser una comunidad acogedora y una comunidad sostenedora?

4. ¿Qué patrones, rutinas o prácticas está desarrollando tu iglesia para ayudar a las personas a ser más evangelistas?

5. ¿Qué palabras o temas del himno de Carlos Wesley te ayudan a comprender mejor lo que significa ser una comunidad?

Un Dios que conocemos

> Queridos amigos, sigamos amándonos unos a otros, porque el amor viene de Dios. Todo el que ama es un hijo de Dios y conoce a Dios; pero el que no ama no conoce a Dios, porque Dios es amor. Dios mostró cuánto nos ama al enviar a su único Hijo al mundo, para que tengamos vida eterna por medio de él. En esto consiste el amor verdadero: no en que nosotros hayamos amado a Dios, sino en que él nos amó a nosotros y envió a su Hijo como sacrificio para quitar nuestros pecados. Queridos amigos, ya que Dios nos amó tanto, sin duda nosotros también debemos amarnos unos a otros. Nadie jamás ha visto a Dios; pero si nos amamos unos a otros, Dios vive en nosotros y su amor llega a la máxima expresión en nosotros.
> —1ª Juan 4:7-12 (NTV2010)

En el segundo capítulo vimos que la evangelización en la tradición wesleyana nos dirige hacia el camino en el que permanecemos en Cristo. Luego, en el tercer capítulo hablamos cómo esta clase de evangelización es en esencia relacional en su práctica y la salvación que promete. Con base en estos puntos, podemos añadir uno más: la evangelización en la tradición wesleyana nos ayuda a conocer a Dios. Lo que las buenas nuevas prometen no es únicamente que conoceremos a Dios, aunque esto ciertamente es importante. Lo que promete es que conoceremos a Dios al estar en una relación, y a través de esa relación, llegaremos a saber que pertenecemos a Dios.

Para comprender este punto más claramente, puede resultar útil comparar nuestro conocimiento de una figura pública, como un político o una celebridad, con el conocimiento que tenemos de un amigo. Podemos saber mucho sobre una figura pública. Podemos leer libros escritos por investigadores, así como por sus amigos y críticos. Podemos verlos en la televisión o hacer una búsqueda en la Internet. Con el tiempo, podemos recopilar bastante información, parte de la cual puede ayudarnos a comprenderlos con mayor precisión.

Sin embargo, nunca diríamos que los conocemos de la misma manera que conocemos a un amigo. Esto se debe a que tenemos una relación real y continua con un amigo o amiga. Pasamos tiempo con ellos, conversamos con ellos y, con el tiempo, llegamos a conocer su personalidad y carácter de una manera que nunca podríamos cononocer a una figura pública, que no es nuestra amiga. La relación que Dios quiere tener con nosotros es más parecida a la de un amigo o una amiga, y está en el corazón del mensaje de nueva vida proclamado en la evangelización.

Nuestra relación con Dios no nos dejará sin cambios. Como dice 1ª de Juan, quienes conocen a Dios se aman unos a otros y, solo se puede decir que quienes aman conocen a Dios y nacen de Dios. Entonces, no solo somos cambiados al entrar en esta relación; somos cambiados de una manera particular: comenzamos a amar a Dios y a los demás como Dios nos ha amado.

Hay dos formas importantes en que la relación con Dios no es como una relación con otra persona. La primera es que Dios es nuestro Creador y también nuestro Redentor, y como tal, constantemente busca transformar nuestras vidas para que una vez más reflejemos Su imagen, en la que fuimos creados. La segunda es que un amigo o amiga está físicamente presente, mientras que la presencia de Dios no es física. Ambos aspectos de una relación con Dios son obra del Espíritu Santo: el poder de vivir una vida nueva, y contar con la presencia de Dios en nuestras vidas.

El problema de tener una relación con una presencia que no es física es que dificulta mantener la relación. Es por eso que Dios ha prometido estar especialmente presente a través de ciertas prácticas de adoración y servicios llamados medios de gracia. Es a través de estas actividades tan particulares que experimentamos, en una forma especial, la presencia de Dios.

Los medios de gracia

Wesley identifica los medios de la gracia como obras de misericordia y obras piedad. Las obras de misericordia son aquellas acciones de compasión y justicia que hacemos por nuestro prójimo. Las obras de piedad son aquellas acciones de adoración y compañerismo que están dirigidas a Dios. (En el segundo capítulo conectamos las obras de misericordia y las obras de piedad con las Reglas de las Sociedades Unidas; tema al que volveremos en un momento).

Si bien ninguna lista es exhaustiva, Wesley identifica cinco obras principales de piedad: la oración, escudriñar las Escrituras, la Santa Cena, el ayuno y la conferencia cristiana. Podemos tener una idea de cómo Dios los usa para mantener una relación al regresar a la analogía antes mencionada de tener una relación con un amigo o una amiga. Para tener una relación con un amigo o amiga tenemos que estar presentes en la vida de él o ella; hablar con él o ella, escucharlo/la, hacer cosas juntos y, a veces, simplemente disfrutar el estar juntos. Algunas de estas obras de piedad –la oración, el ayuno, la conferencia cristiana– parecen estar especialmente diseñadas para mantenernos abiertos y atentos a la presencia de Dios en nuestras vidas.

También en nuestra relación con un amigo o amiga llegamos a conocer las características personales de él o ella y algo de su historia. Esto es lo que hace que esa persona sea quien es, y la distingue de otras personas que conocemos. Algunas obras de piedad como: estudiar las Escrituras, la Cena del Señor y (nuevamente) la oración– parecen estar especialmente diseñadas para transmitir la naturaleza, el propósito, las promesas de Dios y todo lo que Dios ha hecho en la creación y para nuestra redención.[1]

Después de todo, Dios no es solo quien nosotros pensamos que es –Dios nos es revelado de manera distintiva en la historia de Israel y, definitivamente, en Jesucristo. Es por eso que llevar una vida de devoción diaria y una adoración semanal son tan cruciales: es donde una y otra vez recordamos la historia de Dios en las Escrituras y (en la adoración) participamos en la Cena del Señor. A través de estos medios de gracia encontramos al Dios revelado en la Palabra y el Sacramento de una manera que experimentamos quién es este Dios.

El Espíritu Santo trabaja para transformar nuestras vidas mientras estudiamos y escuchamos las Escrituras; damos gracias, y recibimos el pan y la copa en la Cena del Señor; oramos a Dios; y a través del ayuno, anteponemos nuestra necesidad de Dios a todas las demás necesidades, y hablamos de las promesas y propósitos de Dios con otros cristianos. Al encontrarnos una y otra vez con el amor inagotable y constante de Dios a través de los medios de gracia crecemos en nuestro amor y conocimiento de Dios.

Puede parecer extraño que Wesley afirmara que las obras de misericordia también son un medio de gracia. Ciertamente, pueden ayudarnos a conocer a nuestro prójimo, pero, ¿cómo nos ayudan a conocer a Dios? Sin embargo, muchos testificaron cómo al visitar a alguien en el hospital, con la esperanza de mostrarle cuánto les importaba, descubrieron sentirse bendecidos al salir del hospital. Si participamos en la obras de misericordia, descubrimos que crecemos en nuestra compasión y comprensión. Podemos aprender tanto a dar como a recibir. Comenzamos a ver las cosas un poco más desde la perspectiva de Dios, y al hacerlo, llegamos a conocer más profundamente el amor de Dios. El Espíritu Santo, entonces, no solo obra a través de nosotros para ministrar a otros, sino a través de otros para ayudarnos a crecer en nuestra vida cristiana.

Nada de esto significa que tenemos salvación sin fe. El hacer las obras de piedad y las obras de misericordia no nos hacen ganar puntos con Dios. Son nuestros medios a través del cual nos relacionamos con Dios. No obstante, solo los experimentamos como medios de gracia si tenemos fe. Conocemos a Dios por medio de la fe. Por lo tanto, al participar con fe de los medios de gracia nos abrirnos a experimentar la presencia de Dios. Ten en cuenta que la fe no hace que Dios esté presente, pero nos permite discernir la realidad de Dios a través de la gracia.

Ahora podemos ver por qué fue tan vital para la evangelización metodista que las personas se unieran a una clase, y se comprometieran con una rutina de disciplinas. Primero, aseguró la participación regular de las obras de misericordia y de las obras de piedad. En segundo lugar, al contrarrestar la disipación, alimentó la fe necesaria para conocer la presencia de Dios a través de los medios de gracia. Ambas actividades [unirse a una clase y practicar las obras de piedad y las obras de misericordia] hicieron a las personas receptivas para tener un encuentro transformador con Dios, que les permitió recibir una vida nueva y crecer en sus jornadas de fe.

Saber que pertenecemos a Dios

Además de conocer a Dios, la evangelización wesleyana también promete que ahora podemos saber que somos aceptados por Dios. El ejemplo clásico proviene del propio Juan Wesley. Mientras asistía a una reunión en la calle Aldersgate, en Londres, Wesley escuchó las palabras del Prefacio de Martín Lutero a su comentario sobre la carta de Pablo a los romanos. Esto es lo que sucedió, en las propias palabras de Wesley:

> «Cerca de un cuarto para las nueve de la noche, mientras él describía el cambio que Dios obra en el corazón a través de la fe en Cristo, yo sentí un extraño ardor en mi corazón. Sentí que confiaba en Cristo, sólo en Cristo para la salvación, y recibí una seguridad de que él me había quitado todos *mis* pecados, aun los míos, y me había *librado de la ley del pecado y de la muerte*».[2]

En este evento Wesley recibió la fe de un hijo de Dios («... Sentí que confiaba en Cristo...»); experimentó la justificación («... él me había quitado todos *mis* pecados...»), y así lo hizo de tal manera que supo que estaba reconciliado con Dios («... recibí una seguridad...»).

Lo que Wesley quizo decir aquí por seguridad, más tarde lo llamaría el testimonio del Espíritu. Esto lo define como: «... es una impresión interna en el alma por medio de la cual el Espíritu de Dios directamente *da testimonio a mi espíritu de que yo soy un hijo de Dios; que Jesús me amó y se dio a sí mismo por mí*; que todos mis pecados han sido borrados; y que, aun yo mismo, estoy reconciliado con Dios».[3] El mismo Wesley expresó cuán difícil es encontrar palabras para describir este testimonio. Pero está claro que él no se refirió a un conjunto particular de sentimientos, como sentir un ardor extraño en el corazón, sino de tener una convicción interior o confianza de haber sido perdonado y reconciliado.

Hay tres afirmaciones que deben decirse sobre esta seguridad. Primero, Wesley mantuvo el énfasis en *Dios* como quien perdona, reconcilia y transforma. Algunas formas de evangelización instan a las personas a «aceptar a Cristo». Ciertamente Wesley y la evangelización instarían a las personas a venir a Cristo, donde entrarán en una relación con Dios a través de Cristo. Pero es más apropiado preguntar si hemos llegado a saber que somos aceptados por Cristo, que preguntarnos si hemos aceptado a Cristo. Esta seguridad nos es *dada*. Nuestra respuesta a Dios es importante, pero mucho más importante es lo que hace Dios.

En segundo lugar, el testimonio del Espíritu debe mantenerse en equilibrio con el «testimonio de nuestro propio espíritu». Esto es un «testimonio indirecto», por el cual una persona es consciente de tener los frutos del Espíritu como se describe en las Escrituras, y de eso concluye que es un hijo o hija de Dios.[4] Si uno realmente ha nacido de nuevo, los frutos estarán presentes («... todo el que ama es nacido de Dios y conoce a Dios...» (1ª de Juan 4:7). Wesley infiere que no puede haber testimonio del Espíritu separado de los frutos del Espíritu.[5] Quienes dicen que tuvieron una poderosa experiencia de conversión o que recibieron la salvación, pero cuyos corazones y vidas no manifiestan al menos los comienzos de la fe, la esperanza y el amor se engañan a sí mismos. La salvación es especialmente testificada por cómo tratamos a los demás («... El que no ama no conoce a Dios...» (1ª de Juan 4:8). Por supuesto, la vida cristiana implica crecer en el amor y la manifestación del fruto del Espíritu. Pero la salvación significa que, de hecho, hemos comenzado este viaje, y estamos viviendo esa nueva vida. Ninguna convicción interna de aceptación por parte de Dios es creíble, si al mismo tiempo no hay una vida transformada.

Tercero, la salvación se obtiene al confiar en Jesucristo; no en tener seguridad. Mientras Wesley creía que el testimonio del Espíritu normalmente acompaña a la justificación y el nuevo nacimiento, abandonó su creencia inicial de que siempre fuese así. Somos únicamente salvos por la fe. Hay quienes muestran el fruto de la nueva vida, pero no han experimentado un sentido interior de aceptación. Sin embargo, Wesley creía que tener esta seguridad «es el privilegio de un hijo de Dios».[6] Además, es importante para nuestro crecimiento constante como cristianos. Por lo tanto, Wesley instó a aquellos que tenían el fruto del Espíritu, pero no el testimonio del Espíritu, a clamar a Dios hasta que supieran que son hijos de Dios.

El siguiente himno, escrito por Carlos Wesley, nos provee una oración de fe, que nos permite conocer a Dios y tener la seguridad de que pertenecemos a Dios:

«Ven, Santo Espíritu de Dios, y mora en nuestro ser:
oh, clara fuente de visión, de vida y de poder.

Ven, Santo Espíritu de Dios, como al profeta ayer,
inspira nuestras almas hoy para entender tu ley.

Tus alas abre y cúbrenos, paloma celestial;
tu luz inunde el corazón y aleje todo mal.

El testimonio danos ya que somos del Señor;
que Cristo, por la eternidad, nos guardará en su amor».[7]

Preguntas

1. ¿Cómo compararías el conocer *de* Dios y conocer *a* Dios? ¿Qué importancia tiene cada aseveración para la vida cristiana?

2. ¿Cómo se puede practicar la evangelización para invitar o animar a las personas a tener una relación con Dios?

3. ¿Cómo nos ayudan las diversas obras de piedad para que conozcamos a Dios? ¿Cómo nos ayudan las obras de misericordia para que conozcamos a Dios?

4. ¿Cómo podemos saber que somos hijos e hijas de Dios?

LA PALABRA QUE PROCLAMAMOS

En el principio ya existía el Verbo, y el Verbo estaba con Dios, y el
Verbo era Dios. Él estaba con Dios en el principio. Por medio de él
todas las cosas fueron creadas; sin él, nada de lo creado llegó a existir.
En él estaba la vida, y la vida era la luz de la humanidad. Esta luz
resplandece en las tinieblas, y las tinieblas no han podido extinguirla.
—Juan 1:1-5

En el capítulo anterior hablamos de cómo podemos conocer a Dios. Ser evangelista requiere más que solo conocer de Dios. Requiere proclamar las buenas nuevas del evangelio. Muchos cristianos se sienten cómodos aprendiendo acerca de Jesucristo, pero incómodos sobre testificar a Jesús. En nuestra sociedad posmoderna, muchos argumentan que lo que uno cree es personal y no está abierto al escrutinio público. La idea de testificar o compartir intencionalmente la fe de uno es aterradora en nuestra sociedad y algo extraño para demasiados cristianos hoy. Ser evangelista de palabra y de hecho significa estar dispuesto a correr el riesgo de estar abiertos a otros, aunque lo encontremos incómodo.

Wesley tomó este riesgo cuando compartió su experiencia en Aldersgate en su diario el 24 de mayo de 1738:

«En la noche fui de muy mala gana a una Sociedad en la Calle de Aldersgate, donde alguien estaba dando lectura al prefacio de la Epístola a los Romanos de Lutero. Cerca de un cuarto para las nueve de la noche, mientras él describía el cambio que Dios obra en el corazón a través de la fe en Cristo, yo sentí un extraño ardor en mi corazón. Sentí que confiaba en Cristo, sólo en Cristo para la salvación, y recibí una seguridad de que él me había quitado todos *mis* pecados, aun los míos, y me había *librado de la ley del pecado y de la muerte*».[1]

El riesgo de proclamar la palabra de Dios está en el corazón de la evangelización. Dios obra en la vida de todos nosotros, y estamos llamados a testificar a otros acerca de las acciones de Dios. Wesley hizo exactamente eso en el pasaje anterior al decirles a otros cómo su corazón sintió un extraño ardor esa noche en 1738. Sin embargo, una de las razones por las que ese testimonio de Wesley es tan debatido hoy en día se debe a que nuestros encuentros personales con el evangelio, a menudo, son vistos a través de los lentes de cómo los demás deberían tener un encuentro con Dios. Incluso Wesley al recordar esta experiencia, no la percibió como «la experiencia» de encontrarse con Dios en su vida. Nuestros encuentros con el evangelio son continuos, lo que significa que estamos creando nuevos testimonios todo el tiempo. Una lección evangelizadora de la experiencia de Wesley en Aldersgate es pensar en la importancia de la intersección del evangelio con nuestras vidas, lo que nos permite testificar del poder transformador de Dios. La experiencia de Wesley en Aldersgate es un testimonio poderoso, porque se puede visualizar cómo la Palabra se hizo carne mientras él describe la escena.

Proclamar la palabra de Dios no significa necesariamente predicar el evangelio como un predicador o predicadora profesional o experimentado. Wesley no creía que fuera únicamente trabajo de los predicadores proclamar el mensaje o dar testimonio. Una de las fortalezas del avivamiento wesleyano fue que involucró al laicado en compartir las buenas nuevas del evangelio. La noción de algunas congregaciones de que el predicador es el único responsable de la evangelización no es consecuente con nuestra tradición wesleyana. Todos los cristianos están llamados a testificar las buenas nuevas del evangelio. El predicador o predicadora juega un papel particular en la predicación de sermones y en la enseñanza, pero eso no excluye la responsabilidad de todos los creyentes de desempeñar un papel en la difusión de las buenas nuevas.

La Palabra encarnada

Juan:1-5 describe cómo la Palabra se hizo carne. Es una descripción poderosa, porque crea una imagen eficaz que da vida al evangelio. Wesley pudo dar vida al evangelio en su avivamiento, y poner «carne en la Palabra». La encarnación de Jesús de la Palabra es única, porque significa que Dios vino al mundo. Nuestro poner carne en el evangelio es contextualizar –llevar las buenas nuevas donde la gente pueda entenderlas. Sin embargo, nuestra contextualización del evangelio no es lo mismo que la encarnación de Cristo. Para nosotros, es gracias a la encarnación de Cristo que podemos poner carne a la Palabra, hacer que el evangelio cobre vida. En esta coyuntura destacaremos tres formas en que Wesley pudo poner carne a la Palabra durante su movimiento de avivamiento.

Wesley llevó la Palabra a las masas

Llevar la Palabra a la gente no siempre es fácil. Wesley también tenía reservas al principio. Wesley fue ordenado como miembro del clero en la Iglesia de Inglaterra, bajo una rígida tradición. Por una rígida tradición nos referimos al énfasis puesto en la liturgia y una forma adecuada de dirigir la Iglesia. El problema de conducir la iglesia de cierta manera es que solo atrae a un cierto porcentaje de la población. George Whitefield, al ver que su iglesia no llegaba a todas las personas, comenzó a predicar en los campos a los trabajadores y a cualquiera que viniera a escucharlo. Invitó a Wesley a hacer lo mismo: a llegar a una audiencia diferente.

Wesley describe sus reservas acerca de predicar fuera de los edificios de la Iglesia de Inglaterra:

«El sábado 31 por la tarde llegué a Bristol y allí encontré al Sr. Whitefield. Al principio me fue difícil de aceptar esta extraña manera de predicar en los campos, de lo cual él me dio un ejemplo el domingo. Habiendo sido toda mi vida (hasta hace poco) tan tenaz de cada punto relacionado con la decencia y el orden que hubiera pensado que el salvar almas era casi un pecado si no se hacía en la iglesia».[2]

Esta experiencia de Wesley es una lección reveladora hoy para quienes de nosotros tenemos reservas acerca de compartir el evangelio en diferentes circunstancias. Al principio, Wesley no creía que una persona pudiera recibir salvación fuera del edificio de la iglesia, y devaluaba el efecto que la predicación en el campo tendría en las personas. No estamos sugiriendo que la gente de hoy deba ir y predicar al campo o al aire libre. Lo que sugerimos es que llevar la Palabra fuera del edificio de la iglesia continúa siendo relevante hoy. Una vez que Wesley comenzó a predicar al aire libre, descubrió el poder de llevar la Palabra adonde estuviera la gente.

Cuando Wesley se entregó a la predicación al aire libre, comenzó a ver que la palabra de Dios llegaba a audiencias que no asistían a la iglesia. Wesley escribió en su diario, el domingo 23 de septiembre de 1759, que esas personas eran muy diferentes a las que había conocido en 20 años, durante su experiencia inicial:

«La gran mayoría de la inmensa congregación en Warfield's hablaba profundamente en serio. Una sola hora podría convencer a cualquier hombre imparcial de la conveniencia de la "predicación de campo". ¿Qué edificio, excepto la iglesia de San Pablo podría contener tal congregación? Y si así fuera, ¿qué voz humana les habría llegado allí? Mediante observaciones repetidas, encuentro que puedo ordenar doble el número al aire libre, que puedo bajo techo. Y quién puede decir que se acabó el tiempo de predicar en el campo, mientras que, 1. Más números que nunca asistieron: 2. El poder convertidor de Dios, así como convincente, está eminentemente presente en ellos». [3]

Durante un interervalo de 20 años, entre 1739 y 1759, Wesley reconoció que llevar la Palabra a la gente era tan poderoso −en algunos casos hasta más poderoso− que esperar a que la gente viniera a escuchar la Palabra. El segundo punto anterior de Wesley de que «El poder convertidor de Dios, así como convincente, está eminentemente presente en ellos», [4] refuerza la noción de que Dios obra fuera de los confines del edificio de la iglesia. Como Wesley, en 1739, muchos de nosotros hoy creemos que la gente debería venir a nuestro edificio para escuchar la palabra de Dios. Pensar evangelísticamente significa estar dispuestos a llevar la palabra de Dios a la gente.

Durante la época de Wesley, la predicación en el campo o al aire libre y la forma de llevar la Palabra a la gente era culturalmente relevante. Ciertamente, en nuestra era de múltiples opciones de medios de comunicación, las buenas noticias ya se han difundido a millones de personas. Sin embargo, muchos de los enfoques de los medios de comunicación hoy en día pierden el contacto personal que Wesley tuvo con quienes vinieron a escucharlo predicar. Él no solo predicó para que la gente se convirtiera o simplemente para atraer grandes multitudes. Wesley creía que la palabra de Dios hacía una diferencia en las vidas de quienes la escuchaban, y continuaría marcando una diferencia en sus vidas si comenzaban una jornada hacia la recuperación de la imagen de Dios.

La predicación en el campo no fue la meta para Wesley, en el sentido de que estuviera estrictamente preocupado por predicar de ciudad en ciudad. La predicación en el campo fue un medio para hacer llegar la palabra de Dios a quienes no iban a la iglesia, y hacerles saber que Dios los aceptaba. Wesley hizo que la Palabra cobrará vida y se hiciera carne para muchos que no habían escuchado el evangelio de esta manera. La evangelización requiere hacer que la Palabra cobre vida; requiere hacer de la Palabra una realidad para quienes todavía buscan el perdón y la aceptación de Dios.

Wesley comentó en su diario sobre la importancia de llevar la Palabra a la gente:

«Alrededor de las siete prediqué en Gins y la gente acudió en masa de todas partes. La falta de predicación en el campo ha sido una causa de muerte aquí. No encuentro ningún gran aumento de la obra de Dios sin él. Si alguna vez esto se deja a un lado, no me cabe la menor duda de que todo el trabajo morirá gradualmente».[5]

Sería prudente escuchar hoy las palabras de Wesley para no convertirnos en «muertos» sentados sobre la palabra de Dios. Debemos encontrar formas de llevar la Palabra fuera de la iglesia de maneras culturalmente relevantes para que no «muramos gradualmente».

Wesley hizo relavante la Palabra a quienes la escuchaban

Ayudar a las personas a ver que la Palabra se hace carne requiere hacerla relevante a su situación. Wesley pudo hacer esto en una variedad de formas durante el avivamiento metodista. Sin embargo, se debe dar algo de crédito en este caso a Carlos Wesley y al impacto que tuvieron sus himnos. Carlos pudo capturar a través de la melodía la teología que guió al avivamiento. Él pudo establecer una conexión con la gente, quienes hicieron suyos los himnos. Los Wesley pudieron establecer un terreno común con quienes fueron parte del avivamiento a través del canto de los himnos.

Por ejemplo, aquellos que necesitan palabras para expresar el perdón y la aceptación de Dios podrían relacionarse con el himno «¡Cómo en su sangre pudo haber!»:

«¡Cómo en su sangre pudo haber
tanta ventura para mí,
si yo sus penas agravé
y de su muerte causa fui?
¿Hay maravilla cual su amor,

morir por mí con tal dolor?
¿Hay maravilla cual su amor,
morir por mí con tal dolor?

Mi alma, atada en la prisión,
anhela redención y paz.
De pronto vierte sobre mí
la luz radiante de su faz.
Cayeron mis cadenas; vi
mi libertad, y te seguí.
Cayeron mis cadenas; vi
mi libertad, y te seguí.

¡Jesús es mío! Vivo en Él,
no temo ya condenación.
Él es mi todo: paz, salud,
justicia, luz y redención.
Me guarda el trono eternal,
por Él, corona celestial.
Me guarda el trono eternal,
por Él, corona celestial».[6]

Carlos Wesley pudo poner música a las palabras que ayudaron a las personas a relacionarse con el acto de Jesús de reconciliarlos con Dios, permitiéndoles experimentar el perdón y la aceptación de Dios. La capacidad de Carlos para tomar los conceptos teológicos y hacerlos disponibles mediante la música, fue fundamental para el movimiento. Esta aportación no puede subestimarse. Un ejemplo con el que algunos pueden identificarse, de los años sesenta, es la importancia de la música para el Movimiento de los Derechos Civiles. La canción «We Shall Overcome» puso melodía al tema del movimiento de una manera que fue acequible para todos los involucrados. Un ejemplo más contemporáneo proviene de la tragedia del 11 de septiembre de 2001. Muchas personas encontraron que los himnos tuvieron una relavancia en sus vidas más que antes, porque lograron transmitir la fuerza de la esperanza que tanto necesitaba el país.

El punto es que la música tiene la capacidad de transmitir un mensaje de una manera que otras formas de transmisión no lo hacen. Los Wesley entendieron la importancia de la música, lo que les ayudó a llevar el mensaje del evangelio en formas culturalmente relevantes para quienes pertenecían al movimiento. El desafío actual es escribir música con la profundidad teológica que lo hizo Carlos Wesley, la cual sigue siendo culturalmente relevante para la gente. Esto no significa que se deba reemplazar los himnos de Carlos Wesley, sino de encontrar nuevas formas de expresar la profundidad teológica para una nueva generación. Kenneth Carter hace una sugerencia similar que vale la pena explorar:

«A pesar de la insistencia de Juan Wesley en que se "aprendan estas tonadas antes que cualquier otras; después pueden aprender tantas como quieran",[7] nuestro canto, a veces, está moldeado por otras corrientes de la tradición cristiana: la música góspel, la alabanza contemporánea, el evangelio social, música que no siempre posee la profundidad de la riqueza doctrinal que se encuentra en los escritos de Carlos Wesley. Algunos de los suplementos de los himnos y cancioneros del siglo pasado apenas incluían los himnos de Wesley y, muchas congregaciones que han transicionado de las formas de culto tradicionales a las contemporáneas, también han perdido contacto con esta práctica. No estoy haciendo una acusación general sobre los himnos o coros de alabanza no wesleyanos; simplemente estoy sugiriendo que probemos recursos para la adoración a la luz de la música que ha dado forma a nuestra tradición durante 250 años».[8]

La observación de Carter está bien justificada, pero debemos tener cuidado de no quedarnos atrapados en el uso de recursos que las personas no comprenden, o con los que no pueden relacionarse actualmente. Su punto, sin embargo, de probar los recursos más nuevos es bueno si nuestro objetivo es la profundidad teológica. Ser evangelista en la tradición wesleyana significa mantener la conexión teológica –tan esencial para los wesleyanos– mientras se mantiene una relevancia cultural para la sociedad actual. Carlos pudo hacerlo con su música e hizo una diferencia evangelística para el movimiento. Debemos encontrar formas de hacerlo hoy o corremos el riesgo, por un lado, de caer en la superficialidad teológica, y por el otro, no ser culturalmente relevantes. La música es un medio poderoso para la evangelización, pero es necesario saber navegar entre la profundidad teológica y la relevancia cultural.

La segunda forma en que Wesley hizo que la Palabra fuera relevante para la gente fue su enfoque holístico. La evangelización en la tradición wesleyana toma en consideración a la persona en su totalidad y no simplemente la salvación de su alma sin poner atención al cuerpo. Wesley pudo relacionarse con aquellos a los que estaba predicando en el campo, porque estaba preocupado por su bienestar espiritual y físico. Escribió un libro sobre remedios comunes, *Primitive Psych*, para ayudar a quienes no podían pagar un médico. Comenzó Kingswood School para educar a los niños de los menos afortunados. Estos tipos de acciones hicieron que el evangelio cobrara vida en una manera diferente para muchas personas que no habían experimentado un enfoque holístico de la Palabra.

La término clave para lo que hizo Wesley es relacional. Wesley hizo que el evangelio fuera relevante al hacerlo relacional, y no algo que se le hiciera a la gente. Una cosa es que te digan que Dios te perdona y te acepta, y nunca experimentar ese perdón y aceptación de otros en la comunidad. Wesley animó a las personas a vivir de manera holística el perdón y la aceptación de otros en la comunidad. También motivó a las personas a vivir de manera holística el perdón y la aceptación de Dios. Hacer esto requiere relacionarse con otros de una manera que algunos no habían experimentado antes y, ciertamente, no lo habían experimentado en conexión con el evangelio.

En la iglesia de hoy debemos trabajar duro para hacer que el evangelio sea relevante al adoptar un enfoque holístico como Wesley. La evangelización significa desarrollar relaciones con las personas, y llevarlas a un tipo de comunidad diferente. La lucha por la santidad es otra forma de luchar por la integridad en la tradición wesleyana. En una sociedad donde frecuentemente experimentamos el quebrantamiento debido a familias divididas, carreras que no llenan o satisfacen, dificultades financieras, etc., el énfasis de Wesley en la santidad sigue siendo relevante y, es un mensaje que debemos proclamar. Algunos pueden sentirse decepcionados de que la santidad no significa que la vida se definirá en sus propios términos. No obstante, sí significa una vida que participa con Dios en Su obra. Esta vida se vive de manera diferente, porque ya no estamos cautivos por el quebrantamiento que, a menudo, define nuestro ser.

Curiosamente, uno de los primeros sermones de Wesley (2 de abril de 1739), que predicó en el campo fue sobre Lucas 4:18-19:

«El Espíritu del Señor está sobre mí,
por cuanto me ha ungido
para anunciar buenas nuevas a los pobres.
Me ha enviado a proclamar libertad a los cautivos
y dar vista a los ciegos,
a poner en libertad a los oprimidos,
a pregonar el año del favor del Señor».

La elección de Wesley del pasaje de Lucas es un presagio de lo que experimentaría en su ministerio. El pasaje de Lucas habla de dos formas de quebrantamiento que las personas experimentan en la vida, y sobre el hecho de que el Señor tiene buenas noticias para estas personas. Wesley trajo las buenas nuevas de santidad a muchos que no habían escuchado esta Palabra antes. Su mensaje evangelístico fue relevante para muchos durante su día, y sigue siendo relevante hoy, porque nos recuerda que podemos avanzar hacia la plenitud en esta vida.

WESLEY FOMENTÓ LA PARTICIPACIÓN DEL LAICADO

Wesley animó al laicado a participar en el proceso de la salvación. La transformación de Dios es posible, porque las personas participan con Dios en el proceso. Esto es importante, porque el laicado debe desempeñar un papel activo en la evangelización. Wesley fue organizado y carismático, pero el movimiento metodista no habría tenido éxito sin la participación de muchas personas.

Un ejemplo de acción radical del movimiento metodista fue que Wesley permitió a las mujeres participar más plenamente en el ministerio. En su Sermón 98 «Sobre visitar a los enfermos», Wesley abogó por que las mujeres desempeñaran un papel más activo en el ministerio:

«Permítase a todas ustedes (mujeres) que tienen en su poder acertar el derecho que el Dios de la naturaleza les ha dado. ¡No cedan más a esa vil esclavitud! Ustedes, así como los hombres, son criaturas racionales. Ustedes, como ellos, fueron creadas a imagen de Dios [...]. Ustedes son igualmente candidatas a la inmoralidad. Ustedes son también llamadas por Dios, a medida que tengan tiempo, para "hacer el bien a todos". "No desobedezcan el llamamiento celestial". Siempre que tengan la oportunidad, hagan todo el bien que puedan, particularmente a su pobre vecino enfermo».[9]

La proactividad de Wesley lo llevó a ir aún más lejos al alentar a algunas mujeres a convertirse en líderes de clases y bandas.[10] Desde una perspectiva evangelística lo que no queremos perder es que Wesley dio voz a las mujeres. Solo podemos especular, pero no es exagerado creer que para las mujeres que fueron parte del movimiento metodista, la Palabra se encarnó de manera diferente debido a su participación. Las mujeres involucradas en el movimiento pudieron expresar lo que Jesús significaba para ellas y, no solo relacionarse con Él de segunda mano a través de un hombre.

En su diario, Wesley relata los últimos días de Lydia Vandome y su servicio en el ministerio del evangelio:

«El martes pasado por la noche, ella pidió que la acomodáramos en la cama para hablarle a su clase. Su voz vaciló mucho. Ella los exhortó seriamente a vivir cerca de Dios y a mantenerse unidos, y agregó: "Pronto me uniré a la iglesia de arriba", y no habló más

[...] Todo quedó en rapto silencio, hasta el viernes por la mañana, que sin suspiros ni gemidos entregó su espíritu a Dios».[11]

La iglesia de hoy puede aprender de Wesley sobre la importancia de dar voz a todas las personas en la congregación. Si todos somos participantes activos con Dios en el proceso de la salvación, entonces todos deberíamos tener voz para testificar sobre el proceso. Una persona o comité no puede ser responsable de evangelizar a toda la iglesia. El laicado debe participar activamente en dar testimonio de lo que Dios está haciendo en sus vidas. Wesley pudo alentar la participación activa en su movimiento al dar voz a la gente: la Palabra realmente se hace carne cuando participamos conscientemente en la obra transformadora de Dios, no como espectadores desinteresados.

Esta noción de no ser un espectador también es válida para la adoración. Específicamente, Wesley animó a las personas, llamadas metodistas, a participar en la Comunión con la mayor frecuencia posible. Uno de los propósitos de la Comunión es celebrar la resurrección de Jesús, que simboliza la posibilidad de una nueva vida para todos los creyentes. Participar en la Comunión es una de las formas más profundas de vivir la Palabra encarnada. Fue la presencia de Jesús el Cristo en esta comida la que tuvo un impacto tan grande en los primeros metodistas:

«Es bien conocido el deseo de los primeros metodistas de recibir la Cena del Señor con la mayor frecuencia posible. La enorme multitud de comulgantes a veces tardaba horas en ser servirda. ¿Por qué esta hambre de la Santa Cena? Estaban convencidos de que, a través del poder del Espíritu Santo, Jesucristo Resucitado estaba presente en esta comida, y al recibir este regalo del pan y vino, recibirían vida nueva. Vinieron con una fe expectante, buscando recordar todo lo que Dios había hecho y prometido a través de Jesucristo, y abiertos a recibir todo lo que Dios tenía para dar».[12]

Puede que no haya mejor manera de celebrar que la Palabra se haga carne que en estar en comunión los unos con las otras. Esto no es un acto superficial, sino uno que tiene un significado profundo para nuestras vidas cristianas. Recordar lo que hizo Jesús al morir y resucitar de entre los muertos nos recuerda la aceptación de Dios y la promesa de una nueva vida. Estamos llamados a compartir con los demás que Dios también los acepta. La promesa de vivir como nuevas personas significa que debemos seguir luchando juntos como comunidad, animándonos unos a otras en la fe.

Wesley fomentó la participación en diferentes niveles dentro del avivamiento. Como Wesley debemos animar al laicado hoy a participar activamente en la obra transformadora de Dios. Debemos dar voz a todos para que puedan apropiarse conscientemente de la Palabra. Debemos recordar lo que Jesús hizo por nosotros mientras esperamos vivir como personas nuevas. La participación significa que los laicos están involucrados en la proclamación de la Palabra y el testificar cómo Dios está obrando en sus vidas.

El testimonio

Hemos delineado algunas formas en que Wesley hizo que la Palabra se hiciera carne en su contexto, y lo que esto significa evangelísticamente para nosotros hoy. Es por la participación, especialmente de los laicos, que la Palabra comienza a cobrar vida. Desafortunadamente, muchas iglesias tienen dificultades con involucrar a los laicos en el ministerio de la evangelización. La palabra «evangelización», a veces, casi parece una maldición para la iglesia. Hay una historia sobre una señora que iba semanalmente a un hogar de ancianos y enseñaba la clase de costura y un estudio bíblico. Su clase en el hogar de ancianos fue exitosa, por lo que el pastor quería que ella fuera parte del comité de evangelización. Ella estaba horrorizada de que el pastor sugiriera tal cosa–fue como si la hubiera insultado. El pastor señaló que ella ya estaba participando en la evangelización en el hogar de ancianos. Ella negó tal acción, y explicó que solo estaba compartiendo su don de coser y algunos versículos bíblicos favoritos.

Ayudar a los laicos a que no reaccionen de manera tan negativa a la palabra de evangelización es importante si la iglesia va a involucrar a más personas en este ministerio. La dama de la historia anterior estaba compartiendo el evangelio en el asilo de ancianos, pero tenía miedo al término de evangelización. Una forma que nos ayuda a pensar sobre lo que esperamos que la gente haga y comparta el evangelio, es hablar sobre los testimonios.

Se utilizan muchos términos para describir el acto de compartir nuestra fe: compartir, compartir la fe, estar presente, testificar y, por supuesto, evangelizar. Nos centraremos en el término testimonio, porque tiene algo de historia dentro del avivamiento wesleyano. Los testimonios fueron una parte integral de los servicios de la Fiesta de amor. Fue una oportunidad para que los participantes compartieran abiertamente con otros la obra de Dios en sus vidas.

Frank Baker, un destacado historiador de los principios del metodismo, comenta sobre la Fiesta de amor:

«Hay decenas de referencias a la fiesta de amor en los siglos XVIII y XIX, donde diarios y revistas atestiguan el hecho de que, aunque la comida común fue de verdadera importancia como símbolo de la vida familiar cristiana, y la oración y el canto eran inseparables de tales ocasiones, el punto central fue el testimonio, el "compartir" espiritual al juntos tomar la comida y la bebida fue el preludio simbólico».[13]

La intención de Baker no es interpretar el papel de la comida en sí, sino resaltar la importancia del testimonio del avivamiento metodista. Fue un componente esencial de la Fiesta de amor que permitió a los participantes compartir lo que Dios estaba haciendo en sus vidas. El término testimonio, sin embargo, tiene un bagaje que se remonta al avivamiento, porque a menudo se usa estrictamente junto con personas que cuentan su experiencia de conversión. Este es uno de los problemas confrontados con la experiencia de Wesley en Aldersgate, ya que generalmente se percibe como su «única» experiencia testimonial. El término testimonio abarca más que las historias sobre conversiones; es un término que describe la intersección entre nuestra historia y la historia del evangelio. Lo que testificamos como creyentes es esa intersección y cómo ha transformado o está transformando nuestras vidas. El testimonio trata de lo que Dios está haciendo en nuestras vidas y de compartir esa experiencia con los demás.

Variedades de testimonios

EL CULTO DE ORACIÓN

El culto de oración o el servicio testimonial es un tipo de testimonio. El culto de oración en Estados Unidos de Norteamérica está estrechamente relacionado con el culto de la Fiesta de amor, practicado por los primeros metodistas. En general, hay un tiempo para testificar, cantar y orar. En estos cultos la gente comparte sus experiencias de conversión, diferentes «pruebas» que Dios les ha ayudado a superar, o simplemente proclaman la bondad de Dios. Hay dos puntos que destacaremos relacionados con la evangelización, que son fundamentales para este tipo de cultos o servicios.

Primero, una de las fortalezas de este tipo de culto es que es interactivo, y en el pasado ayudó a las personas a tener el valor de hablar abiertamente sobre su fe. Al hacer que la Palabra se haga carne, discutimos la importancia de la participación. Lo que Wesley escribe sobre la Fiesta de amor también es aplicable a un culto de oración: «Muchos se sorprendieron cuando les dije: "el diseño mismo de una fiesta de amor es una conversación libre y familiar ...»[14] Este estilo de servicio o culto de oración se basa en la participación, y alienta a las personas a compartir sus historias, lo que les da confianza para hacerlo fuera del servicio.

El servicio o culto de oración no es tan común hoy en nuestras iglesias [se refiere a iglesias anglosajonas; no siendo el caso en las iglesias étnicas raciales]. Sin embargo, nos congregamos, a menudo, para reuniones de comités y estudios bíblicos diferentes. Alentar a algunas personas a compartir lo que Dios está haciendo en sus vidas durante estas reuniones es una forma de recuperar la esencia «de la conversación familiar y libre». El propósito es ayudar a las personas a sentirse cómodas al hablar sobre la transformación que Dios está haciendo en sus vidas. Al practicar sus testimonios con aquellos que, con suerte, simpatizan con ellos, les dará la confianza para compartir con otras personas con las que puedan relacionarse fuera de la iglesia.

Segundo, el servicio de oración tiene que ver con escuchar y estar dispuesto a escuchar la historia de otra persona. Escuchar es una de las habilidades más difíciles de desarrollar. Muchos de nosotros no podemos esperar que alguien termine de hablar para poder expresar nuestro punto. En el servicio de oración el tener la capacidad de escuchar las historias de los demás era tan importante como contar la propia historia. Jesús escuchó a los demás; escuchó sus voces. Por ejemplo, en Mateo 25:31-33, dos ciegos en la multitud gritaban a Jesús que tuviera misericordia de ellos. La multitud trató de callarlos, pero Jesús escuchó sus voces y los sanó. Una parte integral del testimonio es la capacidad de escuchar a los demás.

No es raro que algunos de nosotros nos involucremos en la conversación, y luego no prestemos atención al momento de hablar la otra persona. Nuestras vidas son agitadas, y estamos constantemente pensando en lo siguiente que debemos hacer. Uno de los secretos de la evangelización intencional no es necesariamente ser elocuente, sino tener los oídos abiertos. La voluntad de sentarse, y escuchar a alguien contar su historia puede ser tan fascinante como contar nuestra historia. Los servicios de oración alentaron a las personas a escuchar las historias de los demás.

El testimonio comunitario

En la tradición de la iglesia afroamericana, el testimonio suele estar en la letra de las canciones. La intersección entre sus historias (personales y el evangelio) es cantada, y el mensaje de transformación fue claro para quienes cantaban.

Una canción tal como «Freedom Train a-coming» [El tren de la libertad está viniendo]:

«Escuchen, que un tren de la libertad viene,
Viniendo, viniendo, escuchen ese tren de la libertad,
el tren está viniendo, viniendo, viniendo,
Escuchen el tren de la libertad, viene, viene, viene.
Sube a bordo, oh___ oh, sube a bordo».[15]

Esta canción se solía cantar en el sur de EE. UU., durante el Movimiento de los Derechos Civiles para que la gente supiera que la ayuda estaba en camino. El mensaje de la canción es que Dios ayudará a quienes sufren en el hoy, al igual que ayudó a Daniel a salir del foso de los leones, o a los tres muchachos hebreos que salieron del horno en llamas. La canción es un testimonio que ilumina la intersección entre la historia del pueblo afroamericano que sufre en el sur y el hecho de que la ayuda de Dios está en camino. La canción es transformadora, porque la comunidad ha experimentado la ayuda de Dios en el pasado, y tiene la esperanza de que la volverá a experimentar en el futuro.

Esta forma de testimonio comunitario es evangelizadora, porque los cantos llegan a una audiencia más amplia compuesta por creyentes y quienes están en una búsqueda espiritual. Un testimonio comunitario no tiene la intención de convertir instantáneamente a la persona en un creyente, sino que es una forma de compartir cómo Dios está trabajando en la comunidad. Para los creyentes el poder de los testimonios comunitarios está en crear puntos de referencia sobre las acciones de Dios. Uno de los puntos de referencia de los testimonios comunitarios de los israelitas fue el cruce del mar Rojo y su liberación de los egipcios. Para quienes están en una búsqueda espiritual el testimonio comunitario les ofrece una forma de conocer cómo Dios ha trabajado en la comunidad, y cómo Dios ha transformado la comunidad. La esperanza es que estas personas comiencen a verse a sí mismas como parte de la historia en curso, a medida que la comunidad incorpora nuevos testimonios sobre las acciones de Dios.

Las iglesias pueden crear estos testimonios comunitarios, lo cuales pueden ayudar tanto a los miembros nuevos como la membresía que tiene más tiempo en el evangelio a comprender la obra de Dios en su medio. Muchas iglesias tienen historias sobre actos de bondad en la comunidad, posturas de justicia o incluso sobre la supervivencia de la iglesia durante un momento especialmente difícil. Estos testimonios comunitarios son importantes para ayudar a los nuevos miembros a comprender el papel que Dios ha desempeñado en la comunidad y, también a recordar a los miembros más maduros, sobre las acciones de Dios. Mantener vivos los testimonios comunitarios es importante evangelísticamente con el próposito de lograr una integración entre los miembros nuevos y miembros más maduros en la fe.

Reportes de alabanza y peticiones de oración

Unas de las formas más comunes de dar testimonio utilizada por las iglesias hoy en día, a menudo, son conocidas como los reportes de alabanza y las peticiones de oración. Algunas iglesias permitirán tiempo durante el culto de adoración para estos reportes y peticiones. Otras iglesias utilizarán otros mecanismos como cajas de oración, tarjetas, etc., para dar a las personas la oportunidad de expresarse. El testimonio real, generalmente, se da a través del reporte de alabanza. Sin embargo, el componente de la petición de oración es importante, porque a menudo el reporte de alabanza es el resultado de una oración contestada.

Una de las ventajas de tomar un tiempo, durante el culto de adoración, para los reportes de alabanza y las peticiones de oración es que la comunidad puede escuchar a la persona que hace el reporte o la petición. Si hay un visitante en la congregación, les permite escuchar lo que está sucediendo con la gente de la congregación. Los desafíos de dar tiempo durante un culto de adoración para los reportes de alabanza y las peticiones de oración son: primeramente, que algunas personas pueden tomar demasiado tiempo; y segundo que, el pastor o la pastora, generalmente, no tiene idea de lo que alguien compartirá con la congregación. Para contrarrestar el primer desafío, es bueno animar a las personas a hablar solo durante dos minutos.

Contrarrestar el segundo desafío es más difícil, porque se desea alentar a las personas que den su testimonio y petición de oración. Sin embargo, es importante que las personas al hablar sean sensibles a las situaciones de los demás congregantes. Es complicado, pero necesario ayudar a la gente a entender que no tiene que pararse ante la congregación cada semana e informar que su hijo o hija anotó un gol en el partido de fútbol. Los logros de la gente de la congregación son importantes, y es necesario apartar tiempo para reconocer sus logros. Sin embargo, no deben consumir el tiempo dedicado para los reportes de alabanza y las peticiones de oración.

El objetivo es compartir cómo nuestra historia conecta con la historia del evangelio. Un logro deportivo o un buen desempeño en un examen, etc., son importantes, pero debemos tener cuidado de que Dios no se convierta en nuestro «Papá Noel personal», quien nos concede todos nuestros deseos. El otro peligro al dar reportes de alabanza es dar entender que Dios, de alguna manera, me está bendiciendo a «mí» y no a los demás. El poder de los reportes de alabanza está en que las otras personas puedan escuchar y, a veces, ver cómo intersectan las historias personales con la transformación de Dios en esa historia.

Wesley escribió sobre el poder de la obra transformadora de Dios a través del testimonio evidenciado en una Fiesta de amor celebrada Burslem:

> «Siguió la Fiesta del amor, pero una que no había experimentado en muchos años. Mientras dos o tres hablaban primero, el poder de Dios cayó sobre todos los presentes, unos oraban y otros daban gracias; sus voces apenas se podían escuchar. Y dos o tres hablaban a la vez, hasta que les aconsejé amablemente que lo hiciera uno a la vez, y lo hicieron con una energía asombrosa».[16]

Un reporte de alabanza puede ser un testimonio poderoso de lo que Dios está haciendo en la vida de alguien. Wesley afirmaba que se podía ayudar a otros a experimentar el poder de Dios a través del testimonio. Los reportes de alabanza son una expresión evangelística importante si se hacen de manera considerada y sensible. Es una forma de animar a las personas a compartir su historia con los demás en un ambiente afectuoso. Una de las metas es involucrar al laicado a compartir sobre lo que sabe, y no crearle miedo al decirle que debe compartir de cierta manera.

Hemos ofrecido tres variedades de testimonios (servicio o culto de oración, testimonios comunitarios y reportes de alabanza y peticiones de oración). Los mismos son opciones que tienen las congregaciones que buscan proclamar las buenas nuevas. Los tres tipos de testimonios animan a las personas a compartir cómo su historia intersecta con la historia del evangelio. Los tres señalan el trabajo transformador de Dios como un verdadero impulso evangelizador.

¿Qué tiene de especial este enfoque? No hay nada nuevo o único en este enfoque. Es un intento de reclamar la participación de los laicos hoy en la evangelización, el cual parecía prevalecer durante el avivamiento wesleyano. Durante el tiempo de Wesley, la gente no era evangelista experimentada. Muchos de los primeros metodistas no eran eruditos o individuos que fueron a la escuela para el ministerio. Eran personas que estaban dispuestas a compartir lo que Dios estaba haciendo en sus vidas para transformarlas. ¿Estamos dispuestos a hacer lo mismo?

Wesley escribió sobre algunas de las personas que fueron parte del avivamiento:

«Rara vez he escuchado a la gente hablar con más honestidad y sencillez que muchos en la fiesta de amor que siguió. No he visto un pueblo menos educado que este; pero el amor sobrepasa todos los defectos. Proporciona todos los elementos esenciales de una buena crianza, sin la ayuda de un maestro de baile».[17]

Una lección para hoy

Debemos aprender de Wesley que no es necesario ser un o una evangelista profesional. La verdad es que el o la evangelista profesional apaga a muchos de nosotros. Vivimos en una sociedad en la que un testimonio de nuestro amigo tiene tanto peso como el de un supuesto profesional. Por ejemplo, al comprar un automóvil, muchos de nosotros preguntamos a nuestros amigos qué les gusta y qué no les gusta de su vehículo. Confiamos en que lo que nos dicen sea verdad y, a menudo, tomaremos una decisión con base en su testimonio. No debemos pensar que es nuestro trabajo llevar a alguien a una decisión a través de nuestro testimonio. Sin embargo, podemos decirle la verdad sobre nuestra experiencia con el evangelio. Podemos hacer que la Palabra se haga carne para ellos al decirles lo que Dios está haciendo en nuestras vidas.

Carlos Wesley nos ayuda a pensar en el poder de nuestras lenguas y cómo pueden hacer que la Palabra sea carne a través de la letra de su himno «Mil voces para celebrar»:

«Mil voces para celebrar a mi libertador, las glorias de su majestad, los triunfos de su amor.

Mi buen Señor, Maestro y Dios, que pueda divulgar tu grato nombre y su honor en el cielo, tierra y mar.

El dulce nombre de Jesús nos libra del temor; en las tristezas trae luz, perdón al pecador.

Destruye el poder del mal y brinda libertad; al más impuro puede dar pureza y santidad.

Él habla, y al oír su voz el muerto vivirá; se alegra el triste corazón, los pobres hallan paz.

Escuchen, sordos, al Señor; alabe el mundo a Dios; los cojos salten, vean hoy los ciegos al Señor.

En Cristo, pues, conocerán la gracia del perdón y aquí del cielo gozarán, pues cielo es su amor».[18]

En nuestra sociedad actual, Carlos podría creer que necesitamos aún más lenguas, incluso la suya, para testificar sobre la gloria de Jesús en toda la tierra. Ciertamente creería que deberíamos proclamar las buenas nuevas, y no tener miedo de hablar sobre la obra transformadora de Dios en nuestras vidas.

Preguntas

1. ¿Cree tu congregación que el trabajo de difundir las buenas nuevas es solo del pastor o de la pastora?

2. ¿Puedes describir un momento en que la Palabra se hizo carne en tu vida?

3. ¿Qué se necesitaría para llevar la Palabra fuera de tu iglesia?

4. ¿Cómo puede la gente volverse más activa en la adoración?

5. ¿Dónde se ha cruzado tu historia con la historia del evangelio?

6. Describe cómo podría celebrarse el culto de la Fiesta de amor en tu iglesia.

7. ¿Cómo a través de los testimonios ofrecidos a través de los reportes de alabanza y peticiones de oración se ha visto el poder transformador de Dios en la vida de los congregantes de tu iglesia?

8. ¿Cómo te ayuda el himno «Mil voces para celebrar», de Carlos Wesley, a pensar acerca de la importancia del testimonio?

9. ¿Cuáles himnos, coritos o canciones reflejan la historia de la realidad de las comunidades latinas en EE. UU.?

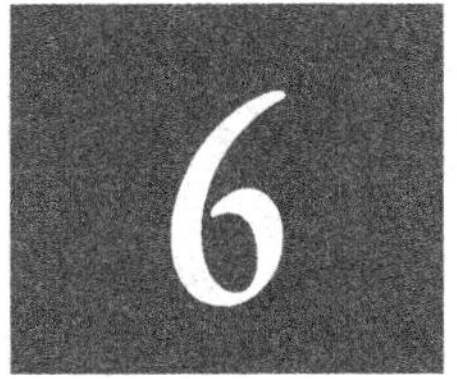# La manera wesleyana de la evangelización

Jesús le dijo: –"Ama al Señor tu Dios con todo tu corazón, con todo tu ser y con toda tu mente". Este es el primer mandamiento y el más importante. Hay un segundo mandamiento parecido a este: "Ama a tu semejante como te amas a ti mismo".
—Mateo 22:37-39 (PDT2015)

En el primer capítulo definimos la evangelización en la tradición wesleyana como:

La evangelización es nuestro compartir con otras personas y la invitación que les extendemos a experimentar las buenas nuevas: que Dios nos ama y nos invita a una relación transformadora, por la cual recibimos el perdón, una vida nueva y la restauración a la imagen de Dios, que es amor.

Lo que esta definición y los capítulos anteriores transmiten es que para Wesley la evangelización tenía que ver con la relación: cómo nos relacionamos con Dios, quien es capaz de transformarnos en nuevos seres; cómo nos relacionamos con a nuestro prójimo, a quien debemos amar como a nosotros mismos.

Scott Jones, exprofesor de evangelización y, actual obispo, explica lo que significa esta relación con Dios y con el prójimo:

«Si vemos en las tres versiones del evangelio el mandato –amar a Dios con todo todo nuestro ser y a nuestro prójimo como a uno mismo– notaremos una especie de prioridad y centralidad en la voluntad de Dios para la humanidad, que es del más alto nivel. Todos los demás deberes emanan de estos dos mandatos y están subordinados a ellos. Ya que "amor" es una palabra relacional, involucra el tipo de respuesta que el resto del Nuevo Testamento describe como fe. Al hacerlo, deben amar a todos aquellos a quienes Dios ama. Levítico define quién es nuestro "prójimo" como la otra persona a quien debemos amar tal cual es».[1]

La «prioridad» de amar a Dios y al prójimo definen lo que Dios espera de los cristianos. Nuestro amar a Dios debe intersectar con nuestro amar a nuestro prójimo. El desafío en la evangelización no es hacer que esta intersección sea barata o controladora. Por barata nos referimos a la tendencia, en ocasiones, en que algunos de nosotros ponemos límites sobre quién es nuestro prójimo. A veces, definimos quién es nuestro prójimo de tal manera que el resultado termina siendo un reflejo de nosotros mismos. Esto es amor barato, porque la Biblia nos pide que definamos a nuestro prójimo en un sentido más amplio.

La historia del buen samaritano, en Lucas, provee ejemplos del amor barato. El maestro de la ley conocía los mandamientos centrales sobre el amor, pero él quería restringir el significado de quién era su prójimo. Jesús desafió al maestro de la ley, y nos desafía hoy a ampliar nuestro significado de quién creemos que es nuestro prójimo. Al evangelizar, si solo buscamos amar a quienes son como nosotros, entonces rebajamos el llamado de Dios a amar a todos quienes son nuestros prójimos. Uno de los desafíos de la evangelización es ampliar el significado de quién es nuestro prójimo y la responsabilidad que tenemos con él o ella ante Dios.

Otro desafío al evangelizar es intentar hacer de «mi evangelio» la forma suprema en que se debe entender el evangelio. Esto es intentar no solo controlar el evangelio, sino a los demás a través del evangelio. Por ejemplo, considera la vacilación de Wesley en cuanto a participar en la predicación en el campo o al aire libre —discutida en el quinto capítulo — porque inicialmente no creía que la salvación fuera posible fuera del edificio de la iglesia. Al principio, su renuencia a predicar en el campo fue un esfuerzo por controlar la forma en que el evangelio se difundía a otros. Cuando comenzamos a determinar quiénes deben recibir el evangelio y cómo deben recibirlo estamos tratando de controlar lo que significa amar a nuestros hermanos y hermanas. Ya no es un amor basado en la agenda de Dios, sino en una agenda que hemos creado.

Al hablar sobre la centralidad de las relaciones en la evangelización, es importante señalar ambos desafíos sobre cómo amar a Dios y al prójimo. Un ejemplo más contemporáneo de amor barato es una congregación que se resiste a integrar a los diferentes jóvenes del vecindario a su grupo de jóvenes. En esta época de *drive-in* [servi-carro] es fácil ignorar, evangelizar y amar a los que están directamente en el vecindario. De manera similar, un ejemplo contemporáneo, que resalta el amor controlador, es la falta de voluntad de algunas iglesias para permitir a la juventud opinar y liderar en el culto de adoración. Si la adoración no se presenta exactamente como la diseñan algunas «figuras de autoridad», entonces, no la consideran adoración.

La manera wesleyana de evangelización busca navegar entre los extremos del amor barato y el amor controlador en la forma en que vivimos la intersección entre amar a Dios y al prójimo. Esta manera reconoce que el amor y la gracia de Dios pueden operar de varias maneras dependiendo de las circunstancias. Nuestro trabajo es ayudar a los demás a experimentar el amor, y lo hacemos al ser conscientes de sus necesidades.

Por lo tanto, la manera wesleyana de evangelización toma en serio las necesidades de los demás, ya sean necesidades físicas o espirituales. Sin embargo, la forma en que nos relacionamos con los demás para suplir esas necesidades puede diferir dadas las circunstancias. La manera wesleyana siempre tiene en cuenta los desafíos que enfrentamos al amar a los demás, según reconoce que solo al amar a los demás se puede expresar el amor de Dios en maneras concretas. Pues para Wesley amar a Dios y al prójimo no era un componente de la evangelización, sino lo que gobierna nuestra práctica de la evangelización.

El amor de Dios y del prójimo

Wesley definió que un metodista: «... es quien tiene el amor de Dios derramado en su corazón por el Espíritu Santo que le fue dado...».[2] Wesley, por supuesto, diría que tener este amor derramado en el corazón de una persona se manifestaría en el amor al prójimo. Destacaremos tres ideas relacionadas al tema de amar a Dios y al prójimo en la tradición wesleyana.

SE REFLEJA A LOS DEMÁS

La noción de reflejar el amor de Dios a los demás no es original de Wesley. Es especialmente frecuente en la tradición ortodoxa oriental de la iglesia. Theodore Runyon describe cómo Wesley entendió esto al hacer referencia a uno de los primeros sermones de Wesley, titulado «La imagen de Dios»:

> «Wesley [...] ve esa imagen de manera más relacional, no tanto como algo que los humanos poseen, sino como la forma en que se relacionan con Dios, y viven esa relación en el mundo. Así, en unos de sus primeros sermones, describió a los seres humanos recibiendo el amor de Dios, y luego *reflejando* ese amor hacia todas las criaturas. No como una imagen que proviene de la capacidad humana, sino como una relación viva convocada por la gracia divina».[3]

Runyon ilustra este reflejo del amor de Dios con la metáfora de un espejo, que toma prestada de la tradición oriental. Su punto es que los humanos deben reflejar a Dios en sus propias vidas, y reflejar el amor de Dios hacia los demás.[4] Entonces, reflejar a Dios es un proceso de dos pasos. El primero es que nosotros reflejemos lo que significa amar a Dios. El segundo es que la humanidad refleje el amor de Dios hacia los demás, convirtiéndose en un «espejo» para que los demás vean a Dios. Evangelísticamente, esto tiene consecuencias para nosotros como individuos y como comunidad de fe.

Como individuos tenemos que ser renovados a la imagen de Dios para que podamos reflejarla en los demás. Wesley habló de esta renovación de varias maneras a lo largo de su vida, como tener la mente de Cristo.

Wesley escribió:

«Entréguenle por completo su corazón y no deseen sino lo que existe en él y de él procede. Llenen su corazón de su amor en tal manera que no amen nada sino por amor de él. Tengan siempre una intención pura en su corazón y procuren su gloria en todas y cada una de sus obras. Fijen su vista en la bendita esperanza de su llamamiento y procuren que todas las cosas del mundo la alimenten, porque entonces, y sólo entonces, anidará en sus corazones ese sentir que hubo también en Cristo Jesús; cuando en cada palpitar de nuestros corazones, en cada palabra de nuestros labios, en todas las obras de nuestras manos, no haremos nada sin pensar en él ni someternos a sus deseos».[5]

Un corazón firmemente dispuesto en tener la mente de Cristo es el camino por el cual recuperemos la imagen de Dios para poder reflejarla a los demás. Nota en el sermón anterior la amonestación de Wesley de que nuestras palabras y acciones deben estar sometidas a la voluntad de Cristo. Evangelísticamente esto significa que debemos aprender a reflejar honestamente el amor y la compasión de Cristo, y no intentar manipular a otros en el nombre de Cristo. Asustar a la gente para que ame a Cristo no es lo que Wesley quizo decir con amar a Dios con todo el corazón y al prójimo como a nosotros mismos. Wesley creía que el ser humano debe deleitarse en Dios, y regocijarse continuamente en la voluntad de Dios —este es el amor verdadero.[6] Esto es lo que los cristianos están llamados a reflejar ante los demás en todo momento, pero especialmente al llevar a cabo la evangelización.

Reflejar la imagen de Dios no solo tiene consecuencias para las personas, sino también para la comunidad. En el tercer capítulo hablamos sobre invitar a las comunidades de la iglesia y, la importancia de que dichas comunidades estén abierta a los demás mientras buscan tener una relación con Cristo. Una de las formas importantes en que una comunidad invita es al ser hospitalaria con los demás. Reflejar el amor de Cristo como comunidad significa que otros no deben sentirse extraños entre nosotros.

Shirley Clement y Rodger Swanson, quienes han escrito sobre cómo nuestras congregaciones pueden ser genuinamente acogedoras, describen la hospitalidad amorosa de esta manera:

«¿Hay en su congregación extranjeros que se les ha ofrecido la hospitalidad del hogar? Piense en la experiencia de ser miembro en su iglesia local. Para muchas personas, la iglesia es el lugar, más allá del hogar, donde experimentan el calor de ser recibidos. Conoce a las personas de allí y ellas le conocen a usted, o por lo menos a un número significativo de ellas. Están contentas de verle, como también lo está usted de verlas a ellas. Intercambian noticias, se enteran de los últimos acontecimientos familiares y se apoyan unos a otros en tareas comunes y en momentos de necesidad. La esencia de la hospitalidad es ser conocido/a y recibido/a; necesitado/a y amado/a».[7]

Durante la década de los 80, la cadena de televisión NBC transmitió la comedia conocida como *Cheers*. La misma se llevaba a cabo en un bar de la ciudad de Boston, Massachusett, donde un grupo de clientes habituales se reunían para beber y divertirse. Suena muy cliché, pero el título de la canción de esta telecomedia, *Where Everybody Knows Your Name* (Donde todos saben tu nombre), resulta apropiado para lo que muchos de nosotros esperamos experimentar en la iglesia. Queremos ir a un lugar donde nos sintamos cómodos y bienvenidos; no a un lugar donde la gente no nos haga caso. Las iglesias, a veces, se sorprenden cuando analizan detenidamente cuán hospitalarias son con los desconocidos que las visitan. Es fácil hablar solo con quienes se ha establecido una relación, y no hacer caso a una persona recién llegada a la iglesia.

Una comunidad evangelizadora refleja el amor de Dios a los visitantes y con quienes se encuentre. Una comunidad que sea capaz de reflejar este amor de manera constante comenzará a ver que otros reaccionan a ellos de manera diferente, más positiva. Independientemente del tamaño de tu congregación, una meta anual en el área de la evangelización debe ser mejorar su hospitalidad hacia los demás. Wesley les dio la bienvenida a todas las personas, y trabajó para que se sintieran bienvenidas. ¿Estamos haciendo lo mismo hoy? Reflejar el amor de Dios a nuestros vecinos requiere que nuestras congregaciones sean intencionales en asegurarse de ser lugares, donde al menos, alguien «sepa tu nombre».

Informar a los demás

Para Wesley, no solo era importante reflejar el amor de Dios a los demás, sino también comunicar este amor a los demás. Algunos de nosotros estamos dispuestos a reflejar el amor de Dios, porque eso parece inocente y no invasivo. Sin embargo, somos los mensajeros de Dios en la tierra. La manera wesleyana de evangelización nos requiere que hablemos de este amor a los demás. Cuando Jesús sanó al ciego (Juan 9:1-12), este hombre una vez sano contó a todos sobre la bondad de Dios. Nosotros también estamos llamados a informar a los demás sobre lo que Dios ha hecho en nuestras vidas.

Si como cristianos somos llamados a contar sobre el amor de Dios a los demás hoy, ¿cómo lo hacemos? En el quinto capítulo hablamos sobre el poder del testimonio, y de hacer saber a las personas dónde su historia se cruza con la historia del evangelio. Es preciso el establecer una relación con los demás antes de testificarles sobre la bondad de Dios. La manera wesleyana de evangelización es relacional y para que otros escuchen tu testimonio es necesario que tengas alguna forma de relación con ellos. La relación se puede establecer con el tiempo o de inmediato, como solía hacer Jesús con quienes se encontraba. La gente está dispuesta a escucharte si siente que te interesas en ella.

Jesús no fue un manipulador al establecer relaciones con los demás y, nosotros tampoco deberíamos serlo. Al hombre que fue sanado en Juan 9:1-12, la gente lo escuchó porque no podían creer que él fuera la misma persona que solía mendigar a diario. Esto no sucedió como resultado de su capacidad humana. La gente estaba dispuesta a escucharlo debido a la transformación que se produjo en su vida como resultado de su encuentro con Jesús. Otros notan cuando hay algo nuevo en una persona y, a menudo, le preguntan qué ha cambiado en su vida. Informar sobre la transformación que Dios está haciendo en nuestras vidas es una forma legítima de expresar el amor de Dios a los demás.

Uno de los desafíos que encontramos al contar sobre el amor de Dios a los demás, es que tenemos miedo de imponer nuestras creencias. En la sociedad estadounidense actual, lo que uno cree se considera un asunto privado, y los demás no deberían inmiscuirse en esa área. Es más fácil para la mayoría de nosotros no abordar el tema de las creencias que contarles sobre el amor de Dios. Sin embargo, si seguimos el ejemplo de Wesley, entonces deberíamos hablar constantemente sobre el amor de Dios a los demás.

Contar sobre el amor de Dios a los demás no es un intento de nuestra parte de engañar, manipular o forzar a nadie a creer en algo diferente. En cambio, es un compartir honesto y sin sentir que faltamos el respeto al contar cómo hemos experimentado el amor y la bondad de Dios. Cuando Dios nos está transformando, brillará de maneras que no podemos imaginar, y nos llevará a tener relaciones con personas que nunca hubiésemos imaginado. ¿Estamos dispuestos a amar a los demás al compartirles el amor de Dios? La manera wesleyana de evangelización nos anima a hablar del amor y la bondad de Dios para que todos puedan experimentar la transformación de Dios a través de Jesucristo.

La respuesta a Dios

Como cristianos, podemos reflejar el amor de Dios a los demás; compartir sobre el amor de Dios a los demás, pero es el Espíritu Santo quien ayuda a la persona a responder al amor de Dios. A veces, como cristianos, estamos tan decididos a ayudar a alguien a entablar una relación con Jesucristo que nos olvidamos de que él o ella no nos responde a nosotros, sino a Dios. Es Dios quien consuela a las personas, y ni las obliga ni las manipula para que entablen una relación con Jesús. Según elegimos tener una relación con otros humanos, debemos elegir estar en una relación con Jesús.

Wesley describió esta libertad que todos los humanos tienen al entrar en una relación con Jesús:

«... la forma en que Dios obró en tu alma para que pudieras decir por primera vez: *"La vida que ahora vivo, la vivo en la fe del Hijo de Dios, el cual me amó y se entregó a sí mismo por mí"*. El no te despojó de tu entendimiento; por el contrario, lo iluminó y fortaleció. Tampoco destruyó tus afectos; más bien se revitalizaron. Y mucho menos te quitó tu libertad, tu capacidad de elegir el bien o el mal. No te *obligó*, sino que *asistido* por su gracia tú pudiste, al igual que María, *escoger la mejor parte*».[8]

Wesley usa algunos términos maravillosos para exponer su punto, pero nos gusta especialmente la oración que dice: «El no te despojó de tu entendimiento; por el contrario, lo iluminó y fortaleció». La gracia de Dios no es restrictiva, sino que nos capacita para discernir claramente, y para vivir vidas libres. Lo más hermonso es que Dios nos ayuda a hacer esto a través de la gracia para que no tengamos que depender de nuestras propias habilidades. El error que cometemos en la vida es pensar que nuestro razonamiento es mejor que el razonamiento de Dios, y que podemos depender de nuestras propias habilidades.

Un ejemplo que puede ayudar a aclarar el punto de Wesley es pensar en grupos de recuperación como el de Alcohólicos Anónimos, o programas de rehabilitación contra la adicción a las drogas. Muchas de las reuniones siguen algún tipo de programa de doce pasos. Uno de los pasos iniciales es reconocer la propia incapacidad para detener el abuso de las drogas. De hecho, aunque el programa no menciona específicamente la gracia de Dios, se mueve hacia esa dirección cuando se requiere la intervención de un poder superior como parte del proceso de recuperación. La meta es que las personas se den cuenta de que tratar de detener el abuso a través de sus propias acciones, a menudo, es inútil. No es hasta que la persona está dispuesta a abrirse al poder superior (la gracia de Dios) que puede comenzar su camino hacia la recuperación.

Wesley no desarrolló un programa de doce pasos para la recuperación de la imagen de Dios, pero la renovación de la imagen comienza con nuestra respuesta al Espíritu Santo. Para los posibles creyentes, esto significa abrirse a la gracia de Dios y responder al Espíritu Santo. Es reconocer que la propia capacidad es limitada y solo por la gracia de Dios podemos recuperar verdaderamente la imagen de Dios. Para aquellos en su congregación que tienen miedo de evangelizar, esta es una buena noticia. Su trabajo no es forzar una respuesta, sino invitar a una respuesta al reflejar y compartir el amor de Dios.

Anunciar las buenas nuevas significa amar a Dios y a nuestro prójimo. Esto no puede ser algo secundario. Debemos practicar como individuos y comunidades lo que significa tener una relación con Dios y con nuestro prójimo. Solo al tener una relación con Dios podemos ser transformados, reflejar y compartir ese amor a los demás. El éxito de Wesley como evangelista se debió en parte a que trabajó todos los días para tener una relación con Dios y su prójimo. ¿Qué pasaría evangelísticamente en nuestras iglesias si nos propusiéramos intencionalmente a tener una relación más profunda con Dios y nuestro prójimo?

Preguntas

1. ¿Cuáles son los obstáculos para la evangelización en tu iglesia? ¿Cómo podría superar estos obstáculos?

2. ¿Qué nos impide compartir el amor de Dios con los demás?

3. ¿Qué desafíos enfrenta tu congregación al relacionarse con el prójimo?

7

LA EVANGELIZACIÓN RELACIONAL

A lo largo de este libro hemos afirmado que la evangelización a la manera wesleyana es relacional. La forma fundamental en que Wesley entendió lo que significaba ser relacional fue al amar a Dios y al prójimo. Al explorar la manera wesleyana de evangelización, y lo que significa para nosotros hoy, mencionaremos algunos elementos que podrían ser útiles al adoptar este acercamiento.

La renovación

La salvación para Wesley fue sinónimo de la renovación del ser humano a la imagen de Dios. La conversión no es el final del camino, sino el comienzo de la transformación de la persona a la semejanza de Cristo. En otras palabras, es el comienzo de nuestra renovación a la imagen de Dios. Para Wesley, la meta no era que la persona es salva como un fin en sí mismo, sino que las señales de salvación se manifiestan según la persona inicia su proceso de ser renovada en un nuevo ser.

La renovación hacia la imagen de Dios no ocurre de la noche a la mañana y, no es algo que alcancemos en el sentido de un logro. Continuamos creciendo diariamente en la gracia al amar a Dios y a nuestro prójimo. Desafortunadamente, muchos de nosotros en la iglesia hoy no pensamos en crecer en la gracia a diario, ni conectamos el ser renovados a la imagen de Dios a través de la evangelización. Wesley sí hace esta conexión –él cambió el enfoque de la evangelización de ser un modelo simple –que lleva a tomar una decisión– a uno que involucra una jornada de por vida.

Testificamos a otros, no para que «acepten a Cristo» y pensar que nada más es necesario. Testificamos a otras personas para que puedan entrar en una relación con Cristo y sean renovadas a la imagen de Dios. La obra de renovación de Dios continúa a lo largo de nuestro camino cristiano. De alguna manera, esto debería aliviar la presión de compartir la fe, porque la meta no es crear una tarjeta de puntuación de cuántas personas convertimos. La meta es amar a nuestro prójimo al compartirle y demostrarle que también puede experimentar la renovación de la imagen de Dios en su vida.

Wesley concibió la obra de Dios como la culminación de la renovación de toda la creación:

«Toda persona libre de prejuicios puede ver con sus propios ojos que Dios ya está *renovando la faz de la tierra*. Y tenemos poderosas razones para esperar que la obra que comenzó la continuará hasta *el día del Señor Jesús*, y que jamás interrumpirá la obra bendecida por su Espíritu hasta que haya cumplido todas sus promesas. No lo hará hasta que haya puesto fin al pecado y a la miseria, a la debilidad y a la muerte; hasta que haya reinstaurado la santidad y la felicidad en todo el mundo, haciendo que todos los habitantes de la tierra canten a una voz: *¡Aleluya, el Señor nuestro Dios Todopoderoso reina!*».[1]

La obra de renovación de Dios continúa y continuará hasta que Jesús regrese. Cuando comenzamos a ser renovados a la imagen de Dios, experimentamos una transformación que un día abarcará a toda la tierra.

Entrar en una relación con Cristo y la comunidad de la iglesia

La forma wesleyana de evangelización nos pide que ayudemos a otras personas a entrar en relación con Cristo y la comunidad de la iglesia. Ayudarlas a entrar en una relación con Cristo es la razón por la que testificamos sobre el amor de Dios. Sin embargo, entrar en una relación con Cristo sin también ser parte de una comunidad amorosa y de apoyo puede preparar a una persona para el fracaso. Alguien que acepta a Cristo, pero nunca se convierte en parte de la comunidad, y piensa que todo lo que necesita es Jesús, se pierde de la nueva vida que es la salvación.

Entrar en una relación con Jesús es convertirse en parte del cuerpo de los creyentes. Desarrollamos una relación personal con Jesús, a través de la cual nos volvemos más como Cristo. Al mismo tiempo, desarrollamos relaciones con otros creyentes en la comunidad quienes nos ayudan a fortalecer y expresar nuestra relación personal con Jesús. Aunque no es un ejemplo perfecto, contraer matrimonio tiene similitudes con comenzar una relación con Jesús. Una persona se casa con otra, comprometiéndose a ser fiel a esa persona, pero en el matrimonio solemos tener relaciones prolongadas con la familia y los amigos de nuestro cónyuge. El matrimonio es un compromiso con una persona que puede crear relaciones prolongadas en virtud de ese compromiso. Entrar en una relación con Jesús implica un compromiso personal que crea relaciones extendidas con otras personas en la comunidad.

Como discutimos anteriormente en el libro, dos formas en que Wesley enfatizó la importancia de entablar una relación con Jesús en la comunidad es a través de la Sagrada Comunión y la Fiesta de amor. Para nosotros hoy, cuando tomamos la Sagrada Comunión, debemos recordar la acción de Dios de venir no solo a nosotros, sino también a los demás. Al participar de los elementos acordamos en hacerlo con los demás en la comunidad para hacernos uno con el mundo hasta la venida de Jesús. Evangelísticamente, esto es importante, porque no invitamos a las personas a solo experimentar la transformación que viene al estar en una relación con Jesús, sino también a experimentar la transformación que viene al estar en una relación con otras personas que aman a Dios.

Escuchar

La manera wesleyana de evangelización requiere que escuchemos a los demás con amor. A veces, las personas buscan a alguien que escuche lo que está sucediendo en sus vidas. Sin embargo, podemos emocionarnos tanto por querer contarles lo que Dios está haciendo en nuestras vidas que no nos tomamos el tiempo para escuchar sus historias. Un aspecto importante de la evangelización es la capacidad de simplemente escuchar a la persona, sin interrumpir su relato con todo lo que sabemos sobre el evangelio.

Por ejemplo, la tendencia de muchos de nosotros cuando vemos a alguien pidiendo limosna en la calle es no hacerle caso y seguir nuestro camino; o darle un poco de dinero para deshacernos de él o ella y, a veces, le decimos hasta dónde puede ir a pedir ayuda. ¿Cuántos de nosotros nos tomamos el tiempo para escuchar sus historias? Nuestras vidas están ocupadas y, por lo general, nos encontramos con personas que mendigan cuando tenemos prisa. No obstante, aun cuando tenemos tiempo, no las escuchamos. Escuchar a los demás significa que reconocemos su humanidad; no tratarlos como objetos, que no tomamos en cuenta, o deshacernos rápidamente de ellos.

Sin embargo, no solo no tomamos en cuenta a los extraños –a menudo, no hacemos caso a quienes tenemos cerca. No queremos escuchar sus historias, porque tememos tener que involucrarnos en sus vidas. La evangelización en la tradición wesleyana es relacional, por lo que nos requiere un nivel de participación en la vida de nuestro vecino o vecina. La evangelización efectiva no requiere hablar todo el tiempo y, a veces, es posible que no necesitemos hablar en absoluto. Aprender a escuchar y escuchar las historias de los demás puede ser transformador no solo para quien escucha, sino también para quien la comparte.

La aceptación

Una de las historias más poderosas de aceptación (perdón) en la Biblia, es cuando Pedro rechaza a Jesús tres veces antes de la crucifixión. Jesús (en Juan 21:15-18) le pregunta tres veces: «Simón, hijo de Juan, ¿me amas más que estos? [...] Cuida de mis ovejas» (DHH1996). Se describe a Pedro en la mayoría de los evangelios como el discípulo franco, quien está dispuesto a hacer cualquier cosa por Jesús. Sin embargo, Pedro es quien en el momento de mayor necesidad de Jesús, niega cualquier asociación con Él. Esto no perturba a Jesús el Cristo, quien le da la bienvenida con los brazos abiertos.

La aceptación de la humanidad por parte de Dios es un acto de gracia. La evangelización en la tradición wesleyana reconoce que todos necesitamos de la gracia de Dios, y esta gracia no la podemos ganar por nuestros propios méritos. Pedro descubrió que todo lo que hizo para agradar a Jesús palideció en comparación con la extensión de la gracia que Jesús le dio, después de haberlo negado tres veces. Quienes están en una búsqueda espiritual, a veces, sienten que deben estar libres de pecado para recibir la aceptación de Dios. La buena noticia que podemos compartir con los demás es que no tienen que ganar la gracia de Dios, ya que se les da gratuitamente.

No se debe subestimar el poder de la aceptación de Dios. La mayoría de nosotros anhela la aceptación de otros en nuestra vida, pero solo Dios puede dar una aceptación verdaderamente inmerecida. Evangelísticamente, esto significa ayudar a otros a entender que el amor de Dios por nosotros es tan omnipresente que todos son bienvenidos sin importar su situación. Si Pedro, quien negó a Jesús tres veces, experimentó una transformación debido a la aceptación inmerecida de Dios, entonces también nosotros podemos experimentar Su transformación y aceptación.

El testimonio

La manera wesleyana de evangelización nos anima a contarles a otros sobre el amor de Dios, y el poder que este amor tiene para transformar sus situaciones. En última instancia, la esperanza es que todos en la congregación se sientan cómodos hablando de lo que Dios está haciendo en sus vidas. La verdad es que no es lo usual. Una idea que puede ayudar a quienes no se sienten cómodos testificando verbalmente es escribir su testimonio para compartirlo de forma anónima. Las personas pueden escribir un testimonio de un párrafo acerca de lo que Dios está haciendo en sus vidas, y estos se pueden publicar en un boletín una vez al mes para que otros lo lean; o en la página web de la iglesia. El propósito es dar a las personas la oportunidad de testificar de la manera que les sea más cómoda.

Enfatizamos la relevancia del testimonio en este libro, pero, ¿es realmente tan importante? ¡Sí! Debemos poder compartir con otros lo que hace que nuestra relación con Jesús sea central en nuestras vidas. Debemos poder compartir con los demás cómo nuestra iglesia nos ayuda a crecer en nuestra relación con Jesús y vivirla de una manera significativa. Las personas pueden compartir el porqué apoyan a un determinado equipo deportivo en lugar de otro. Las personas pueden compartir por qué les gusta un restaurante en particular más que otros. Nosotros deberíamos poder compartir por qué el evangelio que se cruza con nuestras vidas es tan importante para nosotros.

Hacer que las personas testifiquen sobre lo que Dios está haciendo en sus vidas debe ser una parte integral de cualquier plan de la iglesia evangelizadora. Otros necesitan escuchar sobre la obra transformadora de Dios y su continua obra. En una sociedad donde la mayoría de las noticias son negativas, necesitamos escuchar algunas *buenas noticias*. Trabajar con los feligreses para que testifiquen acerca de las bondades de Dios, es una forma de compartir algunas buenas noticias.

La invitación

La manera wesleyana de evangelización anima a las comunidades a ser hospitalarias y abiertas a los demás. La hospitalidad es uno de los ministerios más importantes de la iglesia, pero es uno que, a menudo, se da por sentado. Muy pocas iglesias piensan que son comunidades cerradas y no invitan a otros. Sin embargo, las acciones reales de una congregación, a menudo, cuentan una historia diferente de la que profesan. Algo que todas las congregaciones pueden hacer para mejorar sus esfuerzos evangelísticos es trabajar en su hospitalidad.

Una comunidad hospitalaria es también aquella que «invita» a otros a su iglesia. Puede ser una invitación a eventos especiales, una clase o un culto de adoración. Lo importante es invitar. Wesley invitó a quienes les predicó a ser parte de las reuniones de clase. Si hubiese predicado y nunca hubiera extendido una invitación, entonces, pocos habrían llegado o se habrían enterado de las reuniones. Necesitamos invitar a otros a venir a la iglesia, y no tener miedo a la respuesta que recibiremos.

El tercer lugar donde se necesita extender una invitación es en los vecindarios en transición. Las iglesias en los vecindarios en transición deben practicar el amor a sus vecinos al invitarles a los eventos de la iglesia. Una iglesia hospitalaria debe estar verdaderamente abierta a todo el pueblo de Dios, y no solo a los que solían vivir en el vecindario. Las posibilidades de transformación cuando invitamos a otros, y los tratamos con hospitalidad son más de lo que podríamos imaginar. Wesley dijo que el mundo era su parroquia. Algunos de nosotros hoy no necesitamos buscar lejos para invitar al mundo a nuestra iglesia.

Permanecer en el camino

Uno de los desafíos que experimentados en la evangelización es que la gente se emociona por un tiempo, pero luego la llama inicial se apaga. Esto sucede ya que el liderato de la iglesia tiende a detener sus prácticas de evangelización. Algunos recordarán la historia infantil sobre la liebre y la tortuga. Estaban en una carrera y la liebre, quien era mucho más rápida, pensaba que la tortuga no tenía ninguna posibilidad. La liebre salió rápidamente con gran entusiasmo, pero se cansó antes de llegar a la meta. La tortuga salió más lenta, mantuvo un ritmo constante y, eventualmente, ganó la carrera. Quienes son más rápidos no siempre ganan la carrera.

La evangelización no es una carrera con la que se puede hacer un programa o completar un curso. La manera wesleyana de evangelización se trata de un cambio de estilo de vida y un compromiso de permanecer en el camino de la santidad. La evangelización se trata del compromiso continuo de todos en la congregación con buscar la renovación de la imagen de Dios en sus vidas, y tener la mente de Cristo. La evangelización se trata de comprometerse a amar a Dios y al prójimo. Las prácticas de evangelización que estamos sugiriendo en la tradición wesleyana no son cosas que se puedan tachar de una lista y luego pasar a otra cosa. Wesley nos propuso una forma diferente de vivir nuestras vidas para que otros se sientan atraídos por nuestras acciones.

Wesley usaba con frecuencia el lenguaje del nuevo nacimiento para describir la transformación de Dios que obra en nuestras vidas:

«Por tanto, aquí se manifiesta claramente cuál es la naturaleza del nuevo nacimiento. Es el gran cambio que Dios opera en el alma cuando la trae a la vida, cuando la levanta de la muerte del pecado a la vida de justicia. Es el cambio obrado en toda el alma por el todopoderoso Espíritu de Dios cuando ella es de nuevo *creada en Cristo Jesús, cuando es renovada conforme a la imagen de Dios, en la justicia y santidad de la verdad,* cuando el amor al mundo es transformado en el amor a Dios, el orgullo en humildad, la pasión en mansedumbre, el odio, la envidia y la malicia en un amor sincero, tierno y desinteresado por todo el género humano. En una palabra, es ese cambio mediante el cual la mente *terrenal, animal, diabólica* se transforma en *el sentir que hubo también en Cristo Jesús»*.[2]

La transformación del amor al mundo al amor de Dios no ocurre de la noche a la mañana. No nos despertamos una mañana y decidimos, a partir de este momento, que «tendremos la mente de Cristo». Amar a Dios y al prójimo es un compromiso de por vida, y también lo son las prácticas de evangelización relacionadas con la práctica de este amor. La manera wesleyana de evangelización no es una carrera para los rápidos, pero para quienes se comprometen a terminar la carrera sin importar cuánto tiempo tome.

Nuevas criaturas

Los cambios de imagen son muy populares actualmente. Hay varios programas de televisión estructurados en torno al tema de los cambios de imagen. La idea general es que alguien (o algo) se ve de una manera y, después del cambio de imagen, la persona parece completamente nueva –una completa metamorfosis. El énfasis de la mayoría de estos programas de televisión está en el cambio de la apariencia de la persona. La verdad es que la persona en el programa, probablemente, no pasó por una transformación de su carácter como la de su apariencia externa.

El cristianismo, en general, se preocupa de que los humanos se conviertan en personas nuevas. Wesley animó a las personas a cambiar el carácter conformado a este mundo a tener un corazón habitualmente lleno del amor de Dios. El proceso de este cambio significa convertirse en un nuevo ser que ya no está en deuda con las viejas costumbres. Evangelísticamente, esto es importante, porque significa que a quienes contactamos deben experimentarnos de manera diferente a como lo hacen los demás. Otros deberían experimentar genuinamente el amor que emana de nosotros como una parte fundamental de quiénes somos y, sin fingimientos.

Wesley tuvo claro que un corazón verdaderamente transformado por Dios se preocupa más que por las apariencias. Una de las cosas en las que debemos trabajar en la iglesia hoy en día es ayudar a las personas a no conformarse con las apariencias externas, sino a permitir que el Espíritu Santo transforme sus corazones. Para los cristianos, la manera wesleyana de evangelización significa vivir como seres nuevos, y ver el cambio que ocurre en sus vidas. La gente de hoy puede notar si alguien simplemente está mostrando una fachada o si es sincera en lo que está diciendo. Debemos ser sinceros y esforzarnos por vivir como nuevos seres, sin apariencias. Aunque experimentamos la transformación de Dios a lo largo de nuestras vidas, no podemos esperar hasta una fecha futura para comenzar a vivir como las nuevas personas en las que Dios nos está formando en el presente.

La seguridad

Una de las cosas con las que luchamos hoy en la sociedad es saber qué es real y qué es solo otra moda. Esto suele ser cierto cuando se trata de nuestras propias vidas al tratar de decifrar de qué podemos estar seguros. Uno de los desafíos confrontados en la evangelización es tratar de expresar a los demás la certeza (seguridad) que sentimos al tener una relación con Jesús. Al evangelizar, necesitamos ayudar a otros a comprender lo que queremos decir con seguridad, y por qué podemos afirmar tener la seguridad en una relación con Jesús.

Wesley usaba continuamente el lenguaje del Espíritu de Dios dando testimonio a nuestro espíritu al describir esta noción de seguridad:

«El testimonio que ahora estamos considerando es dado por el Espíritu de Dios a y con nuestro espíritu. El es la persona que testifica. Lo que nos testifica es que *somos hijos de Dios*. El resultado inmediato de este testimonio *son los frutos del Espíritu, es decir: amor, gozo, paz, paciencia, benignidad, bondad, fe*. Sin éstos, el testimonio no puede permanecer porque es destruido inevitablemente, por la presencia de algún pecado, o por pretender olvidar un deber conocido, o por rendirnos ante algún pecado –en una palabra, por cualquier cosa que contriste al Santo Espíritu de Dios».[3]

Wesley sostiene que tenemos la seguridad cuando nos convertimos en hijos e hijas de Dios, y lo sabemos por los frutos del Espíritu. La seguridad que tenemos como creyentes no es una que esté exenta de las pruebas y tribulaciones de la vida. La seguridad de la que habló Wesley es la confianza de que Dios se ha cruzado con nuestra historia, y por eso sabemos que somos hijos e hijas de Dios.

Wesley usa la palabra testimonio en la cita anterior –la misma palabra que usamos en todo el libro para describir el compartir la fe con otros. En ambos casos, la palabra apunta a una intersección entre lo divino y nuestra historia humana. Esta es la seguridad que tenemos como creyentes: de que el Espíritu Santo se cruza con nuestra historia ayudándonos a vivir como hijos e hijas de Dios. Otros reconocerán que somos hijos e hijas de Dios, porque cuando enfrentemos situaciones difíciles de la vida el fruto que produzcamos será según estemos siendo formados a la imagen de Dios.

La manera wesleyana de evangelización anima a las personas a experimentar la intersección de lo divino en sus vidas. No promete a las personas que al experimentar esta intersección ya no enfrentarán dificultades en la vida. Podemos testificar a los demás que somos hijos e hijas de Dios, porque Dios continúa testificándonos a través del Espíritu Santo. La seguridad que viene con ser un hijo o una hija de Dios se fundamenta en nuestra fe, esperanza y, especialmente, el amor que experimentamos a medida que crecemos en nuestra relación con Jesús el Cristo.

Vívelo

La manera wesleyana de evangelización requiere que vivamos vidas evangelísticas amando a nuestro prójimo. El enfoque relacional de Wesley para la evangelización se centra en la forma en que vivimos. Esto significa ser un discípulo o una discípula de Cristo en la práctica. La razón por la que queremos ser renovados a la imagen de Dios es para testificar de la bondad de Dios; para ayudar a otros a comprender hasta dónde llega Dios para perdonarnos (aceptación), etc., para que podamos vivir vidas transformadas. Vivir evangelísticamente significa que todos los días buscamos amar a Dios y al prójimo con todo nuestro ser. No hay días de vacaciones ni tiempo libre de la vida que es realmente entregada a amar a Dios y al prójimo.

Para Wesley, las obras de piedad y las obras de misericordia ayudaban a las personas a mantenerse enfocadas en amar a Dios y al prójimo. Reclamar esta forma wesleyana de pensar acerca de amar a Dios y al prójimo puede ser útil para las congregaciones de hoy. Las obras de piedad nos ayudan a amar a Dios con todo nuestro corazón, mente, cuerpo y alma. Las obras de misericordia nos ayudan a amar al prójimo como a nosotros mismos. Sin embargo, estas no son formas separadas de amar, sino una forma de amar que nos ayuda a avanzar hacia la santidad –convirtiéndonos en individuos completos. Evangelizamos para ayudar a las personas a convertirse en individuos completos y verdaderamente humanos conforme a la voluntad de Dios.

Esta forma de ser personas completas o plenas a través del amor no concuerda con los estándares humanos. Esta es una plenitud basada en lo que significa amar a Dios y al prójimo al vivir vidas transformadas. Busca tener la mente de Cristo en la jornada diaria de fe. Wesley mencionó en su Sermón 2: «El casi cristiano», que aquellos que son «casi cristianos» hacen lo que prescribe el evangelio y tienen la apariencia externa de un cristiano.[4] Porque al comparar a estos individuos con «todos los cristianos juntos» la gran diferencia entre ambos es cómo aman a Dios y a su prójimo.

La forma en que vivimos el amor a Dios y al prójimo es lo que nos distingue como cristianos. Por tanto, esta forma de amar debe reflejarse en nuestros esfuerzos evangelísticos. Como cristianos no podemos elegir a quién amar y a quién acepta Dios. Debemos amar a todas las personas y reflejarles el amor de Dios. Wesley escribió acerca de amar a nuestro prójimo:

«Si alguien pregunta, *"¿quién es mi prójimo?"*, le respondes: "Toda persona en este mundo; *todo hijo del Padre de los espíritus y de toda carne*". No podemos en modo alguno exceptuar a nuestros enemigos, ni a los enemigos de Dios y de sus propias almas. Todo cristiano ama a los tales como a sí mismo, *así como Cristo nos amó*».[5]

Las congregaciones que puedan ayudar a las personas a amar de esta manera se volverán evangelistas, y notarán una diferencia en la vida de sus feligreses. Es posible que las congregaciones que viven vidas evangelísticas no vean un gran crecimiento en el número en su membresía. No obstante, los feligreses marcarán una diferencia en las vidas de las personas donde sea que estén en contacto con ellas. Si las congregaciones no hacen nada de lo sugerido en este libro, lo único que deberían hacer es animar a las personas a vivir vidas evangelísticas –vidas que demuestran a los demás el verdadero poder transformador de amar a Dios y al prójimo.

Pensamientos finales

La manera wesleyana de evangelización es relacional. Se trata de amar a Dios y al prójimo, y la transformación que es posible cuando amamos de verdad. Se trata de animar a las personas a ser íntegras y renovadas a la imagen de Dios. Se trata de comprender el poder de nuestro testimonio, y cómo puede animar a otros. Se trata de entender que Dios nos aceptará sin importar nuestra situación.

Quizás Carlos Wesley lo expresó mejor en su himno «Sólo excelso, amor divino». Las palabras de este himno deberían inspirarnos a amar a Dios y al prójimo –la manera wesleyana de evangelización:

«Sólo excelso, amor divino, gozo, ven del cielo a nos; fija en nos tu hogar humilde, de fe danos rico don. Cristo, tú eres compasivo, puro y abundante amor; con tu salvación visita al contrito corazón.

Que tu Espíritu se mueva en el corazón dolido; la paz que hemos recibido con segunda paz renueva; haznos libres de pecado, Alfa tú nuestra fe, y también la Omega sé de un vivir emancipado.

Que tu Espíritu aliente todo pecho en su penar; que en ti seamos ingeridos, pudiendo el descanso hallar. Ven, ¡oh Altísimo! A librarnos; haznos tu valor tomar; tu venida apresta, y nunca tu mansión dejemos más.

Cumple ahora tu promesa, danos purificación; en ti bien asegurados veamos plena salvación. Llévanos de gloria en gloria a la celestial mansión, y ante ti allí postrados ter rindamos devoción».[6]

Preguntas

1. ¿Cómo estás experimentando la renovación de Dios en tu vida? ¿Cómo puedes compartir tus experiencias con los demás?

2. ¿Cómo podemos mejorar nuestras destrezas de escuchar?

3. ¿A cuáles eventos puedes invitar a otras personas a venir y experimentar tu iglesia?

4. ¿Cómo puedes vivir más intencionalmente una vida evangelística?

5. ¿Qué imágenes del amor vienen a tu mente al leer la letra del himno «Sólo excelso, amor divino», escrito por Carlos Wesley?

GUÍA DE ESTUDIO

Estudio de seis semanas

Semana 1

Enfoque: Una descripción general de la manera wesleyana de evangelización y el concepto de la evangelización en general.
Leer: Introducción, Capítulo Uno y Capítulo Dos

Semana 2

Enfoque: Al desarrollar una comunidad evangelística wesleyana.
Leer: Capítulo Tres

Semana 3

Enfoque: Integrar la comprensión de Wesley de las obras de piedad y las obras de misericordia a nuestras prácticas evangelísticas.
Leer: Capítulo Cuatro

Semana 4

Enfoque: Compartir y encarnar la palabra de Dios.
Leer: Capítulo Cinco

Semana 5

Enfoque: La evangelización relacional en la tradición wesleyana
Leer: Capítulos Seis y Siete

Semana 6

¿Qué haremos de manera diferente como creyentes después de estudiar este libro? ¿Qué ideas podemos incorporar en la vida de nuestra congregación?

NOTAS

CAPÍTULO 1

1. «Un llamado ferviente a personas razonables y religiosas», *Obras de Wesley, Tomo VI: Defensa del metodismo*, Justo González, editor general (Franklin, TN: Providence House Publishers, 1998), 11.

2. *Ibíd.*

3. *Ibíd.*, ¶3, 11–12.

4. *Ibíd.*, ¶4, 12.

5. Ronald J. Sider, *The Scandal of the Evangelical Conscience: Why Are Christians Living Like the Rest of the World?* (Grand Rapids, MI: Baker, 2005), 58.

6. «Sermón 43: El camino de la salvación», *Obras de Wesley, Tomo III, Sermones, III,* Justo González, editor general (Franklin, TN: Providence House Publishers, 1998), 90.

7. «Himno #10: *Divino amor*», *Obras de Wesley, Tomo IX: Espiritualidad e himnos,* Justo González, editor general (Franklin, TN: Providence House Publishers, 1998), 253.

CAPÍTULO 2

1. «Un llamado ferviente a personas razonables y religiosas», *Obras de Wesley, Tomo VI: Defensa del metodismo, I,* Justo González, editor general (Franklin, TN: Providence House Publishers, 1998), 15.

2. H. Eddie Fox & George E. Morris, *Faith-Sharing: Dynamic Christian Witnessing by Invitation* (Nashville, TN: Discipleship Resources, 1996), 53–54 [solo en inglés].

3. «Naturaleza, propósitos y normas de las Sociedades Unidas», *Obras de Wesley, Tomo V: Las primeras sociedades metodistas,* Justo González, editor general (Franklin, TN: Providence House Publishers, 1998), 52–55.

4. «Reflexiones sobre la discipación», *Obras de Wesley: Tomo VII: La vida cristiana,* Justo González, editor general (Franklin, TN: Providence House Publishers, 1998), 330–31.

5. Ibíd, 331.

6. George G. Hunter III, *How to Reach Secular People* (Nashville, TN: Abingdon Press, 1992), 76–77 [versión en español de este texto provista por el traductor].

7. Hunter, *How to Reach Secular People,* 81–83.

8. Steven W. Manskar, *Accountable Discipleship: Living in God's Household* (Nashville, TN: Discipleship Resources, 2000) y Gayle Turner Watson, *Guide for Covenant Discipleship Groups* (Nashville, TN: Discipleship Resources, 2000).

9. «Sermón 45: El nuevo nacimiento», *Obras de Wesley, Tomo III: Sermones, III,* Justo González, editor general (Franklin, TN: Providence House Publishers, 1998), 140-141.

10. Daniel T. Benedict Jr., *Come to the Waters: Baptism and Our Ministry of Welcoming Seekers and Making Disciples* (Nashville, TN: Disciple Resources, 1996).

11. Robert E. Webber, *Journey to Jesus: The Worship, Evangelism, and Nurture Mission of the Church* (Nashville, TN: Abingdon Press, 2001). Además, *Ancient-Future Evangelism: Making Your Church a Faith-Forming Community* (Grand Rapids, MI: Baker Book House, 2003).

CAPÍTULO 3

1. «Prefacio», *Obras de Wesley, Tomo IX: Espiritualidad e himnos, notas al Nuevo Testamento: Primera Parte*, Justo González, editor general (Franklin, TN: Providence House Publishers, 1998), 239.

2. H. Eddie Fox and George E. Morris, *Faith-Sharing: Dynamic Christian Witnessing by Invitation* (Nashville, TN: Disciples Resources, 1996), 55 [versión en español de esta cita provista por el traductor].

3. «Un informe claro sobre el pueblo llamado metodista», *Obras de Wesley, Tomo V: Las primeras sociedades metodistas*, Justo González, editor general (Franklin, TN: Providence House Publishers, 1998), 223.

4. *Ibíd*, 224.

5. *Ibíd*.

6. Randy Maddox, *Responsible Grace: John Wesley's Practical Theology* (Nashville, TN: Abingdon Press, 1998), 224 [versión en español de esta cita provista por el traductor].

7. «Un informe claro sobre el pueblo llamado metodista», *Obras de Wesley, Tomo V: Las primeras sociedades metodistas*, Justo González, editor general (Franklin, TN: Providence House Publishers, 1998), 228–29.

8. Albert C. Outler, *Evangelism in the Wesleyan Spirit* (Nashville, TN: Discipleship Resources, 2000), 22.

9. Theodore Runyon, *The New Creation: John Wesley's Theology Today* (Nashville, TN: Discipleship Resources, 1996), 224.

10. *Ibíd*.

11. John Wesley, "On Visiting the Sick," I.1, *Works*, 9:260 [versión en español de esta cita provista por el traductor].

12. «Un informe claro sobre el pueblo llamado metodista», *Obras de Wesley, Tomo V: Las primeras sociedades metodistas*, Justo González, editor general (Franklin, TN: Providence House Publishers, 1998), 223.

13. *Ibíd.*

14. «Un nuevo llamado a personas razonables y religiosas, Parte I», *Obras de Wesley, Tomo VI: Defensa del metodismo*, Justo González, editor general (Franklin, TN: Providence House Publishers, 1998), 77.

15. Randy Maddox, *Responsible Grace*, 145.

16. John Wesley, "A Collection of Hymns," *Works*, 7:698. El texto de este himno fue provisto en el idioma español por el traductor de este libro.

17. Ibíd.

18. «Himno #29: Jesús, Unidos por tu gracia», Obras de Wesley, *Tomo IX: Espiritualidad e himnos*, Justo González, editor general (Franklin, TN: Providence House Publishers, 1998), 272.

Capítulo 4

1. Para más información sobre los medios de gracia ver: Philip Wingeier-Rayo, *La Biblia a través de los ojos de Wesley: 52 estudios bíblicos de discipulado* (Nashville, TN: Discipleship Resources, 2019). Steve Harper, *La vida de devoción en la tradición wesleyana: Un libro de ejercicios* (Nashville, TN: Upper Room Books, 1999).

2. «24 de mayo de 1738», *Obras de Wesley, Tomo XI: Diario, I*, Justo González, editor general (Franklin, TN: Providence House Publishers, 1998), 64.

3. «Sermón 10: El testimonio del Espíritu, I», *Obras de Wesley, Tomo I: Sermones, I,* Justo González, editor general (Franklin, TN: Providence House Publishers, 1998), 195.

4. «Sermón 10: El testimonio del Espíritu, II», *Obras de Wesley, Tomo I: Sermones, I,* Justo González, editor general (Franklin, TN: Providence House Publishers, 1998), 211.

5. Ibíd, 210.

6. *Ibíd. Works* 1, 298. Par V.4.

7. «Himno 19: Ven, Espíritu de Dios», *Obras de Wesley, Tomo IX: Espiritualidad e himnos,* Justo González, editor general (Franklin, TN: Providence House Publishers, 1998), 262.

CAPÍTULO 5

1. «24 de mayo de 1738», *Obras de Wesley, Tomo XI: Diario, I,* Justo González, editor general (Franklin, TN: Providence House Publishers, 1998), 64.

2. «Jueves, 29 de marzo de 1739», *Obras de Wesley, Tomo XI: Diario, I,* Justo González, editor general (Franklin, TN: Providence House Publishers, 1998), 102.

3. «23 de septiembre de 1759», *Obras de Wesley, Tomo XII: Diario, II,* Justo González, editor general (Franklin, TN: Providence House Publishers, 1998), 91.

4. *Ibíd.*

5. John Wesley, "Journal," *Works* 21:473.

6. «Himno # 206: ¡Cómo en su sangre pudo haber!», *Mil Voces para celebrar, Himnario Metodista* (Nashville, TN: United Methodist Publishing House, 1996).

7. Véase «Instrucciones históricas para el canto por juan Wesley», *Mil Voces para Celebrar, Himnario Metodista*, (Nashville, TN: Abingdon Press, 1996), viii.

8. Kenneth H. Carter, *A Way of Life in the World: Spiritual Practices for United Methodists* (Nashville, TN: Abingdon Press, 2004), 67 [texto en español provisto por el traductor de este recurso].

9. John Wesley, "On Visiting the Sick," III.7, *Works* 3:396 [disponible solo en inglés; texto en español aquí incluido provisto por el traductor].

10. Runyon, *The New Creation*, 194 [disponible solo en inglés; texto en español aquí incluido provisto por el traductor].

11. John Wesley, "Journal," *Works* 22:169-70 [disponible solo en inglés; texto en español aquí incluido provisto por el traductor].

12. Henry Knight III, *Eight Life-Enriching Practices of United Methodists* (Nashville, TN: Abingdon Press, 2001), 61 [disponible solo en inglés; texto en español aquí incluido provisto por el traductor].

13. F. Baker, *Methodism and the Love-Feast* (London: Epworth Press, 1957), 25 [disponible solo en inglés; texto en español aquí incluido provisto por el traductor].

14. John Wesley, "Journal." *Works* 21:335-336 [disponible solo en inglés; texto en español aquí incluido provisto por el traductor].

15. "Freedom Train a-Comin," *Songs of Zion* (Nashville, TN: Abingdon Press, 1981), 92 [disponible solo en inglés; texto en español aquí incluido provisto por el traductor].

16. Wesley, "Journal," *Works* 24:13 [disponible solo en inglés, texto en español provisto por el traductor].

17. Wesley, "Journal," *Works* 23:31 [disponible solo en inglés; texto en español aquí incluido provisto por el traductor].

18. «Himno #1: Mil voces para celebrar», *Mil Voces para Celebrar, Himnario Metodista*, (Nashville, TN: United Methodist Publishing House, 1996).

Capítulo 6

1. Scott J. Jones, *The Evangelistic Love of God and Neighbor: A Theology of Witness and Discipleship* (Nashville, TN: Abingdon Press, 2003), 51 [disponible solo en inglés; texto en español aquí incluido provisto por el traductor].

2. «El carácter de un metodista», *Obras de Wesley, Tomo V: Las primeras sociedades metodistas*, editor general (Franklin, TN: Providence House Publishers, 1998), 19.

3. Runyon, *The New Creation*, 13.

4. *Ibid.*

5. «Sermón 17: La circuncisión del corazón», *Obras de Wesley, Tomo I: Sermones I,* Justo González, editor general (Franklin, TN: Providence House Publishers, 1998), 360.

6. John Wesley, "On Love," II.2, *Works* 4:383.

7. Roger K. Swanson and Shirley F. Clement, *La congregación que comparte su fe: Un modelo para la congregación como evangelista* (Nashville, TN: Discipleship Resources, 2001), 16.

8. «Sermón 63: La expansión del evangelio», *Obras de Wesley, Tomo IV: Defensa del metodismo,* Justo González, editor general (Franklin, TN: Providence House Publishers, 1998), 5–7.

Capítulo 7

1. «Sermón 63: La expansión del mensaje del evangelio», *Obras de Wesley, Tomo IV: Sermones, IV,* Justo González, editor general (Franklin, TN: Providence House Publishers, 1998), 18.

2. «Sermón 45: El nuevo nacimiento», *Obras de Wesley, Tomo III: Sermones, III*, Justo González, editor general (Franklin, TN: Providence House Publishers, 1998), 133–34.

3. «Sermón 11: El testimonio del Espíritu», *Obras de Wesley, Tomo I: Sermones, I*, Justo González, editor general (Franklin, TN: Providence House Publishers, 1998), 210.

4. «Sermón 2: El casi cristiano», *Obras de Wesley, Tomo I, Sermones, I*, Justo González, editor general (Franklin, TN: Providence House Publishers, 1998), 42.

5. «Sermón 2: El casi cristiano», *Obras de Wesley, Tomo I: Sermones, I*, Justo González, editor general (Franklin, TN: Providence House Publishers, 1998), 47–48.

6. «Himno 1: Sólo excelso, amor divino», *Obras de Wesley, Tomo IX: Espiritualidad e himnos*, Justo González, editor general (Franklin, TN: Providence House Publishers, 1998), 243–44.